ゼロから始めるロシア語

文法中心

CD付

長野俊一 著

三修社

CD トラック対応表

Disc1		ページ	Disc2		ページ
1	アルファベット	5	1	第13課	104
2	文字と発音 1.2	6	2	第14課	112
3	文字と発音 3.5	7	3	第15課	121
4	文字と発音 6	9	4	第16課	129
5	文字と発音 7	10	5	第17課	137
6	文字と発音 8	11	6	第18課	144
7	綴り字と発音	12	7	第19課	152
8	文字・綴り字と発音のまとめ	15	8	第20課	159
			9	第21課	166
9	第1課	18	10	第22課	171
10	第2課	24	11	第23課	180
11	第3課	31	12	数詞一覧表	205
12	第4課	37			
13	第5課	44			
14	第6課	51			
15	第7課	59			
16	第8課	67			
17	第9課	74			
18	第10課	81			
19	第11課	90			
20	第12課	97			

　　　　　　　　　まえがき

　いま「まえがき」を読み始めたあなたは，きっとなんらかの目的や動機に導かれてこの本を手にされたはずです。もうそれだけで，ロシア語という魅力あふれる未知の世界への旅立ちの準備はすっかり整ったのです。地図もコンパスもいりません。少しばかりの冒険心と，さして長くはない旅程を気軽に楽しむ遊び心をもって，さあ，軽装で出発しましょう。
　出発したら，あとは目的地に着くまでマイ・ペースを守ることです。ときには先を急ぐもよし，ときには来た道を戻ってみるのもいいでしょう。本書はそんなあなたのスプートニク（同伴者）をつとめます。旅の主役はもちろんあなた自身ですが，この旅を愉快で実り多いものにするためには，道づれとうまく付き合っていくことが大切です。

　「文字と発音」には比較的大きなスペースを割いてあります。発音に自信がもてるか否かが，その後の学習意欲を大きく左右しますから，ここはじっくり取り組んでください。
　それに続く各課の基本テクストと文例は，何度も声に出して読み，「感じ」をつかみましょう。重要な表現は，全体を通じて繰り返し出てくるように配慮してありますから，初出のときによく理解できなくても，気にせずどんどん先へ進んでかまいません。巻末の「基本文法表」は，変化の様子が一目で俯瞰できるよう工夫をこらしています。進度に合わせて，適宜利用してください。

　肩の力を抜いて「ことば」とたわむれましょう。寝ころがって読む，公園のベンチに腰掛けて読む，カフェーでコーヒーを飲みながら読む……あなたの生活のリズムに合わせてこの本を利用してください。
　本書との出会いがきっかけとなって，一人でも多くの人がさらなるロシア語への旅を続けられることを期待しています。
　では，Счастливого пути！　いい旅を！

　　　　　　　　　　　　　　　　　　　　　　　　　　　長野　俊一

●目　次●

まえがき　1

アルファベット　5

文字と発音　6
　1母音の発音(1)　2子音の発音(1)　3母音の発音(2)　4硬母音と軟母音
　5子音の発音(2)　6子音の発音(3)　7子音の発音(4)　8硬音記号と軟音記号

綴り字と発音　12
　1子音の同化　2無アクセント母音の発音　3特殊な発音

文字・綴り字と発音のまとめ　15

第1課　わたしはカモメ　18
　§1 ～は…です：主語＋述語　§2人称代名詞の主格　§3 этоは「これ」？，それとも「それ」？　§4性のおはなし　§5男子学生と女子学生　§6イントネーション(1)

第2課　うしろの正面だーれ　24
　§1 что と кто　§2 ～は…にいる・ある　§3 Да と Нет　§4名詞の性別　§5イントネーション(2)

第3課　このテクストがわかる？　31
　§1動詞の現在形（第Ⅰ式変化）　§2イントネーションが大切な理由(ワケ)　§3所有代名詞　§4疑問詞 чей　§5指示代名詞 этот

第4課　ロシア語を話す　37
　§1動詞の現在形（第Ⅱ式変化）　§2 по-русски の用法　§3私は本を持っている　§4名詞の複数形　§5正書法の規則

第5課　来た，見た，勝った　44
　§1動詞の過去形　§2 ся動詞　§3 6つの格　§4名詞の前置格

第6課　赤の広場とホワイトハウス　51
　§1形容詞の性と数　§2代名詞の前置格　§3 быть の未来形　§4名前の尋ね方と答え方　§5モノの名称の尋ね方

第7課　『罪と罰』を読んだ？　59
　§1名詞の対格　§2人称代名詞の対格　§3形容詞の対格　§4 идти の用法　§5 любить と нравиться の用法　§6呼びかけのことば

第8課　ここは禁煙です　67
　§1無人称文　§2形容詞の長語尾形と短語尾形　§3定語的用法と述語

的用法 §4 形容詞の短語尾中性形 §5 人称代名詞の与格 §6 年齢の尋ね方

第9課　ターニャの誕生日　74
§1 名詞の生格 §2 形容詞の生格 §3 所有代名詞と指示代名詞の生格 §4 人称代名詞の生格 §5 生格の用法 §6 否定生格

第10課　1時にデート　81
§1 個数詞＋名詞 §2 時の表現(1) §3 定動詞と不定動詞 §4 交通の手段

第11課　二人三脚，体のペア　90
§1 動詞の体(1) §2 体の基本的用法 §3 体のペア §4 接続詞 когда §5 хотеть の変化と用法

第12課　明日の予定は？　97
§1 未来形 §2 体と時制の関係 §3 2人称に対する命令形 §4 人称代名詞の造格

第13課　誰に電話したの？　104
§1 名詞・形容詞・代名詞の与格 §2 値段の尋ね方 §3 数量代名詞 §4 順序数詞 §5 彼女にピンクは似合わない §6 пожалуйста の3つの意味

第14課　大統領になる　112
§1 名詞の造格 §2 形容詞，代名詞の造格 §3 造格の用法 §4 接続詞 что §5 関係代名詞(1) §6 定代名詞 сам §7 形容詞型の名詞

第15課　あの店はうまい　121
§1 不定人称文 §2 被動相〔受身の表現〕(1) §3 時の表現(2) §4 мочь の変化と用法 §5 挨拶の表現 §6 интересовать と интересоваться

第16課　ぼくが愛した少女　129
§1 関係代名詞(2) §2 場所（～で）・方向（～へ）・起点（～から）を表す基本的前置詞の対応関係 §3 接頭辞の付いた運動の動詞 §4 接頭辞 по- の機能

第17課　どこかへ行こう　137
§1 1人称命令形 §2 3人称命令形 §3 不定代名詞の用法 §4 動詞不定形の用法 §5 名詞複数形の与格，造格，前置格 §6 無人称動詞

第18課　忘れないで！　144
§1 動詞の体(2) §2 接続詞 чтобы §3 概数の表し方 §4 次の表現を覚えましょう

第 19 課　より美しい　152
　　§1 比較級の作り方　§2 比較の対象の表し方　§3 比較における数量・程度の差の表し方　§4 比較の程度を表す接頭辞 по- と若干の副詞　§5 お互いに друг друга の用法　§6 服装や身につけるものに関する表現　§7 日本語のロシア語への転写法

第 20 課　もっとも美しい　159
　　§1 最上級　§2 関係副詞　§3 ～のうちの一つ　§4 基本テクストの解説

第 21 課　晴れたらいいな　166
　　§1 接続法とは　§2 接続法の用法　§3 再帰代名詞 себя

第 22 課　眠れる森の美女　171
　　§1 副動詞　§2 副動詞の作り方　§3 副動詞の用法　§4 形動詞(1) — 能動形動詞

第 23 課　失われた楽園　180
　　§1　形動詞(2) — 被動形動詞　§2 形動詞の形容詞・名詞への転化

練習問題1	30	練習問題7	120
練習問題2	43	練習問題8	136
練習問題3	58	練習問題9	151
練習問題4	73	練習問題10	165
練習問題5	89	練習問題11	179
練習問題6	103	練習問題12	187

　　　　　練習問題解答編　188

基本文法表　196
　　1. 名詞の変化　2. 形容詞の変化　3. 所有代名詞の変化　4. 指示代名詞の変化　5. 定代名詞 весь の変化　6. кто, что の変化　7. 数詞 один, два, три の変化　8. 人名の変化

主な前置詞とその用法　202

数詞一覧表　205

アルファベット　АЛФАВИТ

活字体	名称	[音価]	活字体	名称	[音価]
А а	アー	[ア a]	Р р	エル	[ル r]
Б б	ベー	[ブ b]	С с	エス	[ス s]
В в	ヴェー	[ヴ v]	Т т	テー	[トゥ t]
Г г	ゲー	[グ g]	У у	ウー	[ウ u]
Д д	デー	[ドゥ d]	Ф ф	エフ	[フ f]
Е е	ィエー	[ィエ je]	Х х	ハー	[フ x]
Ё ё	ヨー	[ヨ jo]	Ц ц	ツェー	[ツ ts]
Ж ж	ジェー	[ジ ʒ]	Ч ч	チェー	[チ tʃ]
З з	ゼー	[ズ z]	Ш ш	シャー	[シ ʃ]
И и	イー	[イ i]	Щ щ	シシャー	[シシ ʃʃ]
Й й	イ・クラートゥカヤ	[ィ j]	Ъ ъ	トゥヴョールドゥィ・ズナーク	
К к	カー	[ク k]	Ы ы	ゥイー	[ゥイ ɨ]
Л л	エル	[ル l]	Ь ь	ミャーフキィ・ズナーク	
М м	エム	[ム m]	Э э	エー	[エ e]
Н н	エヌ	[ヌ n]	Ю ю	ユー	[ユ ju]
О о	オー	[オ o]	Я я	ヤー	[ヤ ja]
П п	ペー	[プ p]			

　ロシア語のアルファベットには，33の字母があります。そのうち，母音字母が10，子音字母が21，それ自身は音価をもたない（発音されない）記号字母が2つです。

　ひとまず，ざっと眺めてみましょう。英語などのラテン文字とは違う，見慣れない文字が並んでいます。また，見慣れた文字であっても，名称（読み方）や音価（発音）が異なるものもあります。いまはそのことを確認するだけで十分です。

　なお，ロシア語で用いられる文字は，キリール文字と呼ばれる表音文字です。これらの文字は単語や文の中でも，原則として，文字どおりに発音されます。

文字と発音

　ロシア文字はけっして難しくありません。全部でわずか33文字ですから，ひらがなやカタカナを覚えるよりもずっと楽なはずです。それに，大文字と小文字は，少しの例外を除けば形が同じです。

　ロシア語の発音は「一つの文字につき一つの音」が原則なので，個々の文字の発音さえマスターしてしまえば，あとはアクセント（力点とも呼ばれます）の位置を確認することによって，ほとんどすべての単語が読めるようになります。そのため，ふつう，ロシア語の辞書には発音記号が示されていません。

　それでは，個々の文字の発音について，順に学んでいきましょう。

Disc1 2

1 母音の発音 (1)

英語のNと間違えない！

А а	［ア a］		はっきりと発音した日本語のアと同じです。
Э э	［エ e］		はっきりと発音した日本語のエと同じです。
И и	［イ i］		はっきりと発音した日本語のイと同じです。
О о	［オ o］		日本語のオよりも唇をまるめ，前に突き出すようにして発音します。
У у	［ウ u］		日本語のウよりも唇をまるめ，前に突き出すようにして発音します。

大文字と小文字の字体が異なる

2 子音の発音 (1)

П п	［プ p］	日本語のパの子音と同じですが，両唇をやや緊張させてから破裂させるといいでしょう。
Б б	［ブ b］	日本語のバの子音と同じ。つまり，［p］に声を加えたものです。
Ф ф	［フ f］	本書ではフとルビをふりますが，日本語にはない音なので注意しましょう。下唇の裏側に上の前歯を軽く触れ，そのすきまから息を吹き出して発音します。
В в	［ヴ v］	上のф［f］に声を加えたものです。

voiceの[v]　富士山の[フ]ではなくfootの[f]

М　м　［ム m］　　日本語のマの子音とほぼ同じ。両唇をしっかり閉じて，ムという鼻音を出します。

アクセントのある母音は はっきり, 強く, やや長めに!

●声に出して読んでみよう。

а － о － у　　па － по － пу　　ба － бо － бу　　фа － фо － фу
アー　オー　ウー　　パー　ポー　プゥー　　バー　ボー　ブゥー　　ファー　フォー　フゥー

ва － во － ву　　ма － мо － му　：　эм － им　　мэ － ми　　ам － ом － ум
ヴァー　ヴォー　ヴゥー　　マー　モー　ムゥー　　エーム　イーム　　メー　ミー　　アーム　オーム　ウーム

па́па　パパ　　ма́ма　ママ　　бо́мба　爆弾
パーパ　　　　　マーマ　　　　ボーンバ

3　母音の発音 (2)

Я　я　［ヤ ja］　　ア［a］の前に短いィ［j］をそえて発音します。日本語のヤとほぼ同じですが，より舌を緊張させて発音してください。

Rではない!

Е　е　［ィエ je］　　同じく，エ［e］の前に短いィ［j］をそえます。
Ё　ё　［ヨ jo］　　同じく，オ［o］の前に短いィ［j］をそえます。
Ю　ю　［ｭ ju］　　同じく，ウ［u］の前に短いィ［j］をそえます。
Ы　ы　［ゥイ ɨ］　　日本語にも英語にもない音なので注意が必要です。イの口がまえをしてから，舌の先を引き，舌の奥を盛り上げるようにしてイの声を出します。

[ウイ] と二重母音にならない

4　硬母音と軟母音

　これで，ロシア語の 10 個の母音がすべて出揃いました。これらの母音は次のように，硬母音と軟母音に分けられます。硬音・軟音といってもピンとこないでしょうが，この区別は，名詞や形容詞などの変化に際して重要な役割を果たしますので，しっかり確認しておきましょう。

硬母音	а	ы	у	э	о
軟母音	я	и	ю	е	ё

　軟音とは，発音されるときに，舌が口蓋に向かってやや緊張しながら

盛り上がる音のことです。この舌の盛り上がりを口蓋化といいますが，そのときに，短いィの音が加わります。

5　子音の発音 (2)

Т т	[トゥ t]	日本語のタの子音とほぼ同じ。舌の先を上の前歯の付け根のあたりにつけてトゥと息を吐いて発音します。便宜上，トゥとルビをふりますが，<u>ウと母音を加えて発音してはいけません</u>。	
Д д	[ドゥ d]	日本語のダの子音と同じ。つまり，トゥ [t] に声を加えたものです。やはり，<u>ウと母音を加えて発音してはいけません</u>。	要注意！
С с	[ス s]	日本語のサの子音と同じ。smoke の [s] です。	
З з	[ズ z]	日本語のザの子音と同じ。zone の [z] です。	
Л л	[ル l]	日本人の苦手な音の一つですが，あまり神経質にならないでください。舌の先を立てるようにして上の前歯の付け根あたりにくっつけ，舌の両側から息を出して，ウとルの中間ぐらいの音のつもりで発音すればいいでしょう。	
Н н	[ヌ n]	日本語のナの子音とほぼ同じ。ヌという声を鼻から出して発音します。同じ鼻音でも，м [m] と違って，両唇は閉じません。	

● 声に出して読んでみよう。

я－ю－ё	бя－бю－бё	те－тэ	де－дэ	не－нэ
ヤー ユー ヨー	ビャー ビュー ビョー	チィエー テー	ヂィエー デー	ニィエー ネー

мя－мэ－ме	пя－пэ－пе	ля－лэ－лё－ле－лы		
ミャー メー ミィエー	ピャー ペー ピィエー	リャー レー リョー リィエー ルゥイ		

ти－ты	ди－ды	ни－ны	со－сё	зо－зё	за－зя
チー トゥイ	ヂー ドゥイ	ニー ヌゥイ	ソー スィヨー	ゾー ズィヨー	ザー ズャー

вы	あなた (がた)	мы	われわれ	ты	きみ・おまえ
ヴゥイ		ムゥイ		トゥイ	

он	彼	дым	煙	дя́дя	おじ	тётя	おば
オーン		ドゥイム		ヂャーヂャ		チョーチャ	

ёの上にはつねにアクセントがくる

★子音のあとに軟母音がくるときの発音に注意しよう。

тэ は，テー [te] と発音されるが，те は，チィエー [t'e] と発音される。 同様に，де ディエー，дя ジャー，дю ジュー，дё ジョー，ди ジーなどとなる。要するに，硬子音（子音の大部分）のあとに軟母音がくると，ほとんどの硬子音が軟子音に変化する。

硬子音に「短いィ」の音を加えるつもりで発音することがコツ。なお，子音＋ь（軟音記号）のときにも，同じ現象が起こる。

Disc1
4 6 子音の発音 (3)   字体に注意。英語のkではない

К к　[ク k]　　日本語のカの子音とほぼ同じ。舌の奥を上げて息を止め，急に舌を離しながらクゥと息を破裂させて発音します。

Г г　[グ g]　　上のク [k] に声を加えたものです。日本語のガの子音とほぼ同じ。ただし，鼻にかかった「ング」にならないよう，くれぐれも注意しましょう。get の [g] であって，hang の [ŋ] ではありません。

Х х　[フ x]　　日本語にも英語にもない音です。к [k] よりもさらに喉の奥で，息を絞り出すようにして発音します。いちおう，フとルビをふりますが，日本語のハ行の子音にならないよう注意してください。 ！

Р р　[ル r]　　巻き舌のルです。やや上向きにした舌先を，呼気によって弾くようにして，上の前歯の歯ぐきにぶつけながらリズミカルに振動させます。ルルル…という音がでるまで練習しましょう。トゥル…，トゥル…と繰り返せばうまく発音できるようになるはずです。

Й й　[ィ j]　　この文字の名称はイ・クラートゥカヤ（短いイの意味）といいますが，その名のとおり短く，軽く発音するイと考えてください。この文字は，つねに母音の後に綴られ，れっきとした子音の仲間です。

イとヒの中間ぐらいのつもりで

うまく出ないときは日本語のラ行の子音で代用。ただし，Л とРの区別を意識すること

● 声に出して読んでみよう。

ра － ла － ро － ло － ру － лу　　ке － ге － хе　　ай － ой － уй
ラー　ラー　ロー　ロー　ルウー　ルウー　　キィエー　ギィエー　ヒィエー　　アーィ　オーィ　ウーィ

рот　口　　　　кни́га　本　　　　мой　私の
ロートゥ　　　クニーガ　　　　モーィ

хор　コーラス　　са́хар　砂糖　　газе́та　新聞
ホール　　　　　サーハル　　　　ガズィエータ

Disc1 5　7　子音の発音（4）

Ш ш ［シ ʃ］　　シとルビをふりますが，日本語にない音なので注意しましょう。顎を下げ，舌先を上向きに立て，舌を奥に引きながら真ん中にくぼみを作り（スプーン状にします），前口蓋と歯茎と舌先の狭いあいだから声を出さずに呼気で摩擦音を出します。英語の sh に似ていますが，舌をもっと奥に引いて，舌先をやや反らす感じで発音されます。

Ж ж ［ジ ʒ］　　上の Ш ［シ］に声を加えたものです。

Щ щ ［シシ ʃʃ］　Ш［シ］に短いイを加えるつもりで，より長く摩擦しながら発音します。舌の先は Ш ほど奥には引きません。

Ц ц ［ツ ts］　　日本語のツの子音とほぼ同じです。舌の先の位置は с［ス］と同じです。

Ч ч ［チ tʃ］　　日本語のチャの子音とほぼ同じですが，舌の先をやや奥に引いて発音するといいでしょう。

● 声に出して読んでみよう。

ша́пка　帽子（防寒用）　　жара́　暑さ　　щи　キャベツスープ
シャープカ　　　　　　　　ジャラー　　　　シシイー

цвет　色　　　　чай　茶　　　　шко́ла　学校
ツヴィエートゥ　　チャーィ　　　　シコーラ

10

8 硬音記号と軟音記号

Ъ ъ ［トゥヴョールドゥィ・ズナーク］
（твёрдый знак）

硬音記号または分離記号と呼ばれ，子音字と軟母音（я, и, ю, е, ё）のあいだに置かれて，両者を分離して発音することを示します。例えば，健一という名前をロシア語で表記するとすれば，Кэнити ではなく，Кэнъити と綴ることになります。

Ь ь ［ミャーフキィ・ズナーク］
（мягкий знак）

軟音記号と呼ばれ，子音字の後について，その子音を軟音化します。また，<u>軟母音の前では上の分離記号と同じ役割も果たします</u>。軟音化した子音は，短いィを添えるつもりで発音します。

●声に出して読んでみよう。

ми－мь	ти－ть	ап－апь	ум－умь	мё－мьё	пя－пья
ミー ミィ	チー チィ	アープ アーピィ	ウーム ウーミィ	ミョー ミィヨー	ピャー ピィヤー

брат 兄（弟）　　брать 取る　　мат マット　　мать 母
ブラートゥ　　　ブラーチィ　　　マートゥ　　　マーチィ

дочь 娘　　письмо 手紙　　съесть 食べる　　статья 論文　　例！
ドーチィ　　ピスィモー　　ス・ィエースチィ（食べ終える）　スタチィ・ヤー

　以上で，ひとまずロシア語のすべての文字とその発音を学んだことになるわけですが，実際に声を出して読むとなると，「書かれたとおりに読む」という原則から外れる場合がいくつかあります。「なぁーんだ，やっぱりそうか」とがっかりしないでください。覚えるべきことはそんなに多くありません。あと少しの規則をものにすれば，晴れてロシア語が読めるようになるのです。

綴り字と発音

1　子音の同化

まずは，футбол を発音してみてください。これまで学んできた1文字1音の原則に従えば，[フウトゥボール]と読むはずです。ところが，この単語は[フウドゥボール]（サッカーのこと）と発音されます。このような現象を**子音の同化**といい，ロシア語では頻繁に見られます。

子音には，発音にさいして声帯の震える（声の出る）有声子音と，声帯の震えない（声の出ない）無声子音があり，この対応関係が子音の同化と密接にかかわっています。そこで，21 の子音字母を有声・無声に分類すれば，次の表のようになります。

	I	II	III
有声子音	б в д з ж г ↓ ↓ ↓ ↓ ↓ ↓		м н л р й
無声子音	п ф т с ш к	ц ч х щ	

子音の同化に関係するのは，IグループとIIグループの子音であり，IIIグループの子音はつねに文字どおりに発音されます。とくに，Iグループの有声→無声がそれぞれに対応している6組（12個）の子音がここでは重要です。これらの対応関係は，日本語の清音・濁音の関係として理解しておくとわかりやすいでしょう。

(1) （有声子音の）無声化

① 語末の有声子音の無声化（Iグループのみ）：単語の末尾の有声子音は，対応の無声子音として発音されます。

хлеб パン　　Киев キエフ（地名）　　народ 民衆
フリィエープ　　キーイフ　　ナロートゥ

друг 友人　　раз ～回, ～度　　нож ナイフ　　площадь 広場
ドゥルーク　　ラース　　ノーシ　　プローシシャチィ

② 無声子音（I・IIグループとも）の直前にある有声子音は，対

「アクセントのないеとя」参照

ьはそれ自身音をもたないので語末にдがあると考える

応の無声子音として発音されます。

зáвтрак 朝食　　вóдка ウォッカ　　вчерá 昨日
ザーフトゥラク　　　ヴォートゥカ　　　　フチラー

лóжка スプーン　скáзка 昔話　Нахóдка ナホトカ　пóезд 汽車
ローシカ　　　　スカースカ　　　　ナホートゥカ　　　　ポーイストゥ

「アクセントのないеとя」参照

д→тとなり、さらにз→сとなる

(2) （無声子音の）有声化

　有声子音の直前にある無声子音（Ⅰグループのみ）は対応の有声子音として発音されます。　с→футбол がこれ

сдéлать する、作る　прóсьба 依頼　вокзáл 駅
ズヂェーラチィ　　　　プローズィバ　　　ヴァグザール

ただし、вの直前では、例外的に有声化が起こりません。

Москвá モスクワ　　свой 自分自身の
マスクヴァー　　　　　スヴォーイ

「アクセントのないо」参照

　子音の同化は、一つの単語のなかだけではなく、一息に読まれる「前置詞＋名詞」などの場合にも現れます。

с брáтом 兄（弟）とともに　в кóмнату 部屋の中へ
ズブラータム　　　　　　　　フコームナトゥ

2　無アクセント母音の発音

(1) アクセントのない о

① 語頭あるいはアクセントのある音節の直前のоは［ア a］と発音されます。

окнó 窓　　вопрóс 質問、問題　свобóда 自由
アクノー　　　ヴァプロース　　　　スヴァボーダ

одúн 1（数詞）　концéрт 演奏会
アヂーン　　　　　カンツィエールトゥ

② それ以外の位置にある場合は［あいまいなア ə］と発音されます。

прямо まっすぐに　хорошó 良い　это これは
プリャーマ　　　　ハラショー　　　エータ

молокó 牛乳　слóво 単語　шоколáд チョコレート
マラコー　　　スローヴァ　　シャカラートゥ

この区別はあまり気にしなくても十分通じる

(2) アクセントのないеとя

① 語末にある場合は，いずれも弱い［ヤ］と発音されます。

мо́ре 海　　со́брание 集会　　дере́вня 村
モーリャ　　　サブラーニャ　　　ヂィリィエーヴニャ

② アクセントのある音節よりも前にあるときは，弱い［イ］と発音されます。

Япо́ния 日本　　язы́к 言語　　река́ 川
イポーニャ　　　イズゥイーク　　リカー

3　特殊な発音

例外的な発音についてはそのつど覚えていけばいいのですが，ひとまず，比較的目につきやすいものを，代表的な例とともに挙げておきます。

| ч → ш | что ［シトー］何　　коне́чно ［カニィエーシナ］もちろん |

形容詞・代名詞の格変化でよく現れる

| г → в | его́ ［イヴォー］彼の　　ничего́ ［ニチヴォー］何でもない |
| | сего́дня ［スィヴォードニィャ］今日 |

| сч → щ | сча́стье ［シシャースチィャ］幸福　　счёт ［シショートゥ］計算 |

| стн → сн | изве́стный ［イズヴィエースヌゥィ］有名な |
| здн → зн | по́здно ［ポーズナ］遅い |

サイレント

| сж, зж → жж | е́зжу ［ィエージジュウ］（私は乗物で）行く |

| г → х | легко́ ［リフコー］簡単（だ）　　бог ［ボーフ］神 |

文字・綴り字と発音のまとめ

これまでの復習をかねて，いくつかの単語を声に出して読む練習をしながら，発音上のおもな注意事項をまとめておきましょう。

最初に，右側のルビを見ないで，次の語句を読んでみてください。

スラスラ読めるまで繰り返し練習!!

1. за́мок [ザーマク] 城
2. до свида́ния [ダスヴィダーニャ] さようなら
3. отдыха́ть [アッドゥイハーチィ] 休憩する
4. те́ннис [テーニス] テニス
5. фотогра́фия [ファタグラーフィヤ] 写真
6. Ленингра́д [リニングラートゥ] レニングラード
7. пирожки́ [ピラシキー] ピロシキ
8. съезд [ス・ィエーストゥ] 大会
9. перестро́йка [ピリストゥローィカ] ペレストロイカ
10. текст [チィエークストゥ] テクスト
11. спаси́бо [スパスィーバ] ありがとう
12. объясня́ть [アブ・イスニャーチィ] 説明する
13. компью́тер [カムピィユーテル] コンピューター
14. Горбачёв [ガルバチョーフ] ゴルバチョフ
15. цена́ [ツゥイナー] 価格，値段
16. маши́на [マシゥイーナ] 自動車
17. дире́ктор [ヂィリィエークタル] 支配人
18. электроста́нция [エリクトゥラスターンツゥイヤ] 発電所
19. зуб [ズープ] 歯
20. здра́вствуйте [ズドゥラーストゥヴゥィチェ] こんにちは

1. за́мок: アクセント（力点）のある母音は，はっきり，強く，長

15

めに，発音される。力点のない о は［ア］と発音する。ロシア語は，日本語のような高低アクセントではなく強弱アクセントなので，力点の位置はきわめて重要。замо́к と読めば「錠前」という意味になる。

2．до свида́ния： 前置詞＋名詞は途中で切らずに，一つの単語として読む。 до の発音は正確には［də］となる。また，в の前では с は有声化しない。

軟音化に注意！［ティ］ではなく［チィ］

3．отдыха́ть： 子音の同化によって，тд → дд となり，発音上同じ子音が連続するが，こういう場合は促音（つまる音）のつもりで発音するとよい。 ка́сса（切符売り場，レジ）は［カーッサ］となる。ただし，同じ子音が連続する場合でも，一つの子音として発音することも多い。例えば，ру́сский［ルースキィ］（ロシアの，ロシア人男性）のように。一般的に言って，同じ子音の連続は一つの子音として発音すると考えてよい。

4．те́ннис： テニスは外来語なので，［チィエーニス］とはならない。外来語の場合，е［ィエー］を э［エー］と発音することが多い。こういう例外については，発音記号を示していない辞書でも指示がある。

5．фотогра́фия： ф は上の歯で軽く下唇に触れるのを忘れずに。厳密に言えば，最初の о は［ə］，二番目の о は［a］と発音される。

6．Ленингра́д： 語末の有声子音は対応の無声子音として発音する。力点のない е は［イ］。レニングラードは，Санкт-Петербург［サンクトゥ・ピィチィルブールク］という旧称に改名され，レーニンの都市からピョートル（大帝）の都市へと歴史の時間を遡った。

舌を奥へ引くことを忘れずに

7．пирожки́： 言わずと知れたロシア風揚げパンのこと。この音が日本語に転写されピロシキになったのだろう。ж は к の前で無声化し ш となる。なお，これは複数形で，単数形は пирожо́к［ピラジョーク］。

8．съезд： ъ は分離記号なので，前後の文字は区切って発音される。語末の д は т に無声化し，さらにその前の з を無声化する。

9．перестро́йка： 1988 年の流行語大賞に輝いた語。пере- は「再び」を表す接頭辞，стройка は「建てること，建築」，つまり「建て直し」の意。стр の間に母音を入れて発音しないように注意。

10．текст： те の発音には要注意。［テエー］ではなく［チィエー］と発音する。軟母音 е が硬子音 т を軟子音に変えてしまう。

11．спаси́бо： 力点のない о は［ア］となる。б［ブ］は両唇を閉じて

по́езд と同じ

から破裂させる。

12．**объясня́ть**：力点のない я は［イ］に近くなる。

13．**компью́тер**：пь は п［プ］に短い ɪ を加えて発音する。上の -ть と同じく，ь は直前の硬子音を軟音化する。ю は唇を丸めて突き出してから発音すること。明らかに外来語なので，ここの е も э［エ］と発音される。

14．**Горбачёв**：ё の上にはいかなる場合でもアクセントがくる。ただし，教科書や参考書以外の一般の印刷物では，ё の代わりに е と書くのがふつう。新聞や雑誌はもちろんのこと，日常使うロシア語（例えば手紙）では，ё と е の区別はせず，つねに е で済ませてしまう（とはいえ，声に出して読むときには必ず区別して発音される）。

★子音の硬・軟に関しての補足

ч, щ, й はつねに**軟子音**として発音される。例えば -ч と -чь はまったく同じ発音になる。

ж, ш, ц はつねに**硬子音**として発音される。例えば -ж と -жь はやはりまったく同じ発音になる（軟音化されない）。

上の6つの子音以外の子音は硬子音にも軟子音にもなる。

15．**цена́**：力点のない е は［イ］と発音する。従って，発音上は цена → цина となるわけだが，ц はつねに硬音なので，軟母音 и が対応の硬母音 ы として発音される。жена́［ジゥイナー］（妻）も，あくまでも発音上は жына。

16．**маши́на**：ши は шы のつもりで発音する。

17．**дире́ктор**：ди の発音に注意。［ディ］ではなく，［ヂィ］と発音する。軟母音 и が硬子音 д を軟子音に変えてしまう。

18．**электроста́нция**：э ははっきりとした［エ］。なお，э は主として外来語に用いられ，本来のロシア語にはあまり出てこない。

19．**зуб**：у［ウー］は，唇を丸めて突き出しながら発音するよう十分心がける。決して日本語の平べったいウにならないように。語末の б［ブ］はもちろん無声化して п［プ］。

20．**Здра́вствуйте!**：もっともよく使われる挨拶のことば。一日の時間帯に関係なく，朝でも昼でも夜でも使える。最初の в は黙字（サイレント）で発音されない。

第 1 課

わたしはカモメ

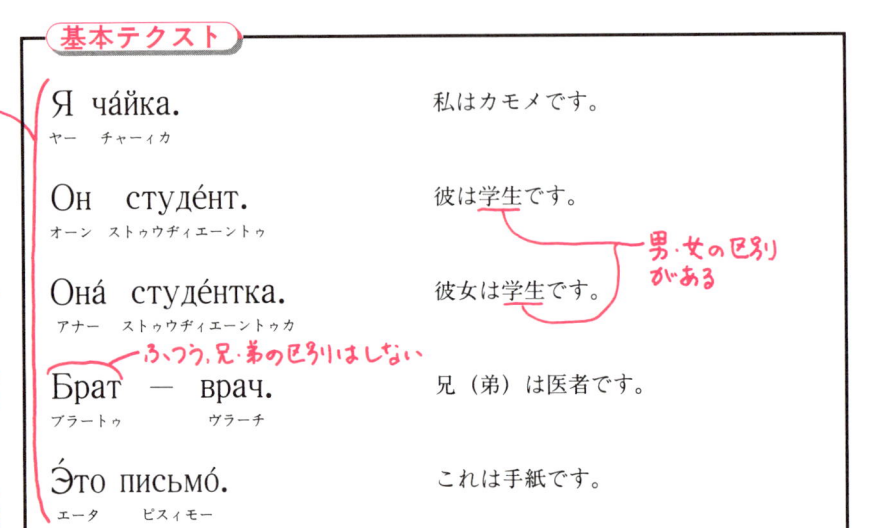

基本テクスト

Я ча́йка. ヤー　チャーィカ	私はカモメです。
Он студе́нт. オーン　ストゥヂィエーントゥ	彼は学生です。
Она́ студе́нтка. アナー　ストゥヂィエーントゥカ	彼女は学生です。
Брат — врач. ブラートゥ　　ヴラーチ	兄（弟）は医者です。
Э́то письмо́. エータ　　ピスィモー	これは手紙です。

（手書き注記）
- アクセントのある母音は、はっきり、強く、やや長めに発音！
- 男・女の区別がある
- ふつう、兄・弟の区別はしない

【単語ノート】я 私, ча́йка カモメ, он 彼, студе́нт 男子学生, она́ 彼女, студе́нтка 女子学生, брат 兄弟, э́то これ・それ, письмо́ 手紙

● ポイント

　上例の 5 つの文を見て，読んでください。じつにあっさりした文だとは思いませんか。日本語や英語と比べてどんな特徴があるか，すぐに気づかれたでしょう。そうです，動詞がありません。そのうえ，英語やドイツ語やフランス語にある冠詞までないのです。

　この課では，「〜は…です」というもっとも簡単な文を通じて，ロシア語のいくつかの特徴を見ていくことにします。

§1 ～は…です：主語＋述語

> be動詞も冠詞も不要！

「AはBです」という断定する文の現在形では，英語のbe動詞にあたる動詞（連辞）がふつう省略されます。

また，ロシア語には冠詞はありません。従って，AとBのところに，主語（名詞や代名詞など）と述語を，冠詞をつけないで裸のまま並べてやれば，それで立派な文ができあがります。

  Э́то перо́. これ（それ）はペンです。 ← This (It) is a pen.
  _{エータ　ピィロー}

  Он студе́нт.   ← He is a student.

 ●ただし，定義や命題の場合は連辞を省略しない。
   Прекра́сное есть жизнь. 美とは生活である。

> これがbe動詞にあたる

主語が代名詞（я, он, она, это）の場合は，主語と述語のあいだに何も書かなくてよいのですが，主語と述語の両方に名詞が含まれている場合は，そのあいだに，「—」（ダッシュ，ロシア語ではтире́［チィレー］といいます）を入れて主語と述語をつなぐのが一般的です。

  Брат — врач.   兄（弟）は医者です。

  То́кио — столи́ца Япо́нии. 東京は日本の首都です。
  _{トーキィオ　　　スタリーツァ　　イポーニイ}

> Япо́нияの生格（中級9課）

ところで，表題に掲げた「わたしはカモメ」は，少々唐突な感じを与えるかもしれませんが，演劇好きの方なら，「なるほど」と思われたことでしょう。チェーホフ Че́хов［チィエーハフ］の名作『かもめ』第4幕で，ヒロインのニーナ Ни́на［ニーナ］が口にする有名な台詞です。もっとも，原文ではя と ча́йка のあいだに — が挿入されていますが…。いずれにせよ，「～は…です」という表現は簡単で便利なものです。「我輩は猫である」と言いたければ，Я кот［ヤー コートゥ］．(кот 雄猫) で済んでしまうのですから。

§2 人称代名詞の主格

　話し手を1人称，その相手を2人称，そのどちらでもない第三者を3人称といい，それぞれ単数形と複数形に分かれます。
　主格とは文法上，主語になりうる格のことです。

	単数	複数
1人称	я　私 ヤー	мы　私たち ムゥイ
2人称	ты　きみ トゥイ	вы　きみたち，あなた方，あなた ヴゥイ
3人称	он*　彼，それ オーン она*　彼女，それ アナー оно*　それ アノー	они　彼ら，彼女ら，それら アニー

（手書き注）
- 文頭以外では小文字。英語のIとは異なる
- 恋人同士ならもちろんтыで!
- ていねい（ややあらたまった感じ）

　ロシア語の名詞は，男性名詞，女性名詞，中性名詞の3種類に分かれます。人でも，動物でも，モノでも，男性名詞はон，女性名詞はона，中性名詞はоноで受けることになっています。例えば，人を表す男性名詞を受けるときは，онを「彼」と訳せますが，モノの場合には「それ」と訳すことになります。複数の場合は，性に関係なくすべてониで受けます。

　なお，中性名詞には人を表す名詞がありません（きわめて特殊な例外はありますが，あえて覚える必要はないでしょう）。

　тыは，親子，兄弟，夫婦，友人などの親しい間柄や，子供（他人の子であってもかまいません）に対して用いられます。一方，выは，相手が二人以上のときに用いられるのはもちろんですが，一人の相手に対しても，その相手があまり親しくない人や，親しくても目上の人である場合に用いられますので，十分注意してください。

（手書き注）気のおけない間柄では，年齢に関係なく使われる

20

本書では，相手が一人のとき，ты を「きみ（おまえ）」，вы を「あなた」といちおう訳すことにします。

§3　это は「これ」？，それとも「それ」？

Это перо́. の это は指示代名詞の一つですが，この例のように主語として用いられたときには，いかなる場合にも変化しない，ひじょうに使い勝手のよい代名詞です。

変化しないということは，次にどんな名詞をもってきてもよいということです。男性名詞がこようが，女性あるいは中性名詞がこようが，はたまたそれらの複数形がこようが，это はつねに это のままです。

では，生一本な頑固者かというと，なかなか融通のきく面も持ち合わせています。指示代名詞ですから，何かを指し示すわけですが，そのときどきの状況（コンテクスト）から分かるものであれば，何でも——近くのものでも遠くのものでも，人でもモノでもことがらでも——指すことができるのです。ですから，状況次第で，「これ」，「それ」，「あれ」のいずれにもなります。

§4　性のおはなし　*男性・女性・中性——3つの性*

手始めに，次の英文をご覧ください。

　　The sun was shining in all *his* splendid beauty.

英語では，性の問題は顕在化していませんが，上例では太陽を男性名詞として扱っています。つまり，名詞の性別の痕跡はとどめているわけです。

ロシア語に限らず，いわゆるインド＝ヨーロッパ語族に属する言語の中には名詞に性別のあるものが珍しくありません。とはいえ，われわれ日本人は誰しも初めはとまどいを感じるものです。なにしろ，フランス語では，太陽が男性，月が女性なのに，ドイツ語では，太陽が女性，月

が男性，とまったく逆になります。ロシア語ではどうかというと，太陽 со́лнце［ソーンツァ］は中性，月 луна́［ルゥナー］は女性です。思わず，「いい加減にしてくれ」と叫びたくなるではありませんか。もちろん，ここで話題にしている「性」は生物学上の性 sex ではなくて，文法上の性 gender のことです。

ロシア語の名詞は，男性，女性，中性の3種類に分かれ，あらゆる名詞がそのうちのいずれかに帰属します。例を挙げましょう。

журна́л	［ジュルナール］	雑誌	男性
кни́га	［クニーガ］	本	女性
письмо́	［ピスィモー］	手紙	中性

なぜそうなるのか？　と頭をひねってみても永久に答えは見つかりません。しかし，後で見るように，見分け方は驚くほど簡単です。

§5　男子学生と女子学生

人を表す名詞には，男女の区別のあるものがいくらかあります。

男性	女性	
студе́нт	студе́нтка	学生
япо́нец イポーニィツ	япо́нка イポーンカ	日本人
америка́нец アミィリカーニィツ	америка́нка アミィリカーンカ	アメリカ人
учи́тель ウチーチィリィ	учи́тельница ウチーチィリィニィツァ	教師
ру́сский ルースキィ	ру́сская ルースカャ	ロシア人

（手書き注：最近では女性の先生でも учи́тель を用いることが多い）

Он ру́сский.　彼はロシア人です。
Она́ ру́сская.　彼女はロシア人です。

国籍を表す場合は男女の区別を必ずつけますが，身分や職業の場合は区別しないことの方が多いようです。

　　Он врач.　　彼は医者です。　　Она́ врач.　　彼女は医者です。
　　オーン　ヴラーチ　　　　　　　　アナー　ヴラーチ

　　Он инжене́р.　彼は技師です。　　Она́ инжене́р.　彼女は技師です。
　　オーン　インジィニィエール　　　　アナー　インジィニィエール

§6　イントネーション（1）

　ロシア語では，イントネーションの使い分けによって，同じ文が肯定文になったり疑問文になったりするので，正しいイントネーションで読み・話すことが大切になってきます。
　「～は…だ」型の平叙文のイントネーションは，最後の単語のアクセントのある音節まで一定の高さを保ち，その音節以降，急に下がります。
　この型のイントネーションを本書では＜ИК-1＞と表示します。

＜ИК-1＞

Э́то перо́.　Он студе́нт.　Она́ студе́нтка.　Брат — врач.

声に出して繰り返し練習しよう!!

第 2 課 うしろの正面だーれ

基本テクスト

— Кто э́то?　　　　　これは誰ですか。
　クトー　エータ

— Э́то А́нна.　　　　これはアーンナです。
　エータ　アーンナ

— Что э́то?　　　　　これは何ですか。
　シトー　エータ

— Э́то учéбник.　　　これは教科書です。
　エータ　ウチィエーブニク

— Кто сза́ди?　　　　うしろにいるのは誰ですか。
　クトー　ズザーヂィ

— Сза́ди Са́ша.　　　うしろにいるのはサーシャです。
　ズザーヂィ　　サーシャ

— Э́то кни́га?　　　　これは本ですか。
　エータ　クニーガ

— Да, кни́га.　　　　はい, 本です。
　ダー　クニーガ　　　　　（эtoの省略）

— Нет, не кни́га.　　いいえ, 本ではありません。
　ニィエートゥ　ニィ　クニーガ　　　　弱く[ニィ]と発音

【単語ノート】　кто 誰, А́нна(女) アーンナ(女の名), что 何, учéбник(男) 教科書, сза́ди うしろに, Са́ша サーシャ(男女の名の愛称), да はい, нет いいえ, не …ではない

● ポイント

　疑問詞 кто は，人の名前だけではなく，身分，職業，家族関係などについて尋ねるときにも用いられます。また，動物に対しても кто を用います。疑問詞 что は，人と動物以外のモノについて尋ねるときに用いられます。

　場所を表すやさしい副詞を使って，「～は（が）…にある・いる」という表現を学びましょう。このときも，英語の be 動詞にあたる存在を示す動詞が，現在形では省略されるのがふつうです。

　また，「はい」「いいえ」で答える，やさしい問いの文と，その答え方を練習します。

§1　что と кто

что［シトー］（発音に注意）は「何」，кто は「誰」という疑問詞です。

—Что э́то?　　　　　　　これは何ですか。

—Э́то магнитофо́н.　　　これ（それ）はテープレコーダーです。
　（マグニタフォーン）

—А э́то что?　　　　　　では，これは何ですか。

—Кассе́та.　　　　　　　カセットです。
　（カスィエータ）

—Кто э́то?　　　　　　　こちらはどなたですか。

—Ма́ма.　　　　　　　　母です。

—А э́то?　　　　　　　　で，こちらは。

—Сестра́.　　　　　　　姉（妹）です。
　（スィストゥラー）

—Кто э́то?　　　　　　　あれは何ですか。

—(Э́то) ми́шка.　　　　　（あれは）熊です。
　（ミーシカ）

§2 〜は…にいる・ある

場所・位置をたずねる疑問詞 где を用いた簡単な質問と答えの文を見てみましょう（存在を表す動詞が省略されている）。

— Где Áнна?　　　アーンナはどこにいますか。
　グヂィエー　アーンナ

— Онá там.　　　彼女はあそこにいます。
　アナー　ターム

— Где пáпа?　　　お父さんはどこにいますか。
　グヂィエー　パーパ

— Дóма.　　　家にいます。(Онの省略)
　ドーマ

場所・位置に関する基本的な副詞を覚えましょう。

здесь	ここに	там	あそこに
ズヂィエースィ		ターム	
впередú	前に	сзáди	うしろに
フピィリヂィー		ズザーヂィ	
слéва	左に	спрáва	右に
スリィエーヴァ		スプラーヴァ	
рядом	隣に、そばに	напрóтив	向かい側に
リィヤーダム		ナプローチフ	

— Что слéва?　　　左には何がありますか。
　シトー　スリィエーヴァ

— (Слéва) пóчта.　　　(左には) 郵便局があります。
　　　　　ポーチタ

— Где метрó?　　　地下鉄(の駅)はどこにありますか。
　グヂィエー　ミトゥロー　(中性名詞)

— (Онó) напрóтив.　　　(それは) 向かい側にあります。

§3 Да と Нет

それぞれ，英語の Yes と No にほぼ相当しますが，その用法には微妙なずれがあるので，ちょっと注意が必要です。むしろ，日本語の「はい」と「いいえ」のあいまいな用法に近いといえるかもしれません。

 —Это слова́рь?   これは辞書ですか。
 —Да, э́то слова́рь.   はい，これは辞書です。
  Нет, э́то не слова́рь. いいえ，これは辞書ではありません。

(赤字メモ: 弱く [ニィ] と発音（←基本テクストのメモ））

上例が受け答えの標準的パターンですが，以下のように，それ以外のさまざまな答え方も可能です。

 —Это слова́рь? —Да, слова́рь. はい，辞書です。
       Слова́рь.   辞書です。
       Да.   はい。

 —Это слова́рь? —Нет, не слова́рь. いいえ，辞書ではありません。
       Не слова́рь. 辞書ではありません。
       Нет.   いいえ。

否定疑問の場合に，英語とのずれが生じます。否定疑問文に対しては，Да と Нет のいずれでも答えることができますが，その際，Нет か не を最低 1 回は用いなければなりません。ですから，Да, это словарь. と答えることはできません。

 —Это не слова́рь? —Да, э́то не слова́рь. はい，これは辞書ではありません。
        Нет, э́то не слова́рь. いいえ，これは辞書ではありません。
        Нет, э́то слова́рь. いいえ，これは辞書です。

さらに，次のような答え方もよく用いられます。

 —Это слова́рь? —Нет, э́то не слова́рь. Э́то уче́бник.
       Нет, э́то не слова́рь, э́то уче́бник.
       Нет, э́то не слова́рь, а уче́бник.

(赤字メモ: не～, а…：「～ではなく…だ」(= not～, but…))

§4 名詞の性別

ロシア語では，生物学上の性（自然性）が，文法上の性に優先します。つまり，父は男性，母は女性，叔父は男性，叔母は女性などです。その上で，語末の綴り字によって，3つの性に分かれるのですが，その仕組みはじつに簡単です。

子音で終わるものは男性，-а, -я で終わるものは女性，-о, -е(ё) で終わるものは中性となります。ただし，-ь で終わるものには男性・女性の両方があるので，そのつど辞書で確認してください。

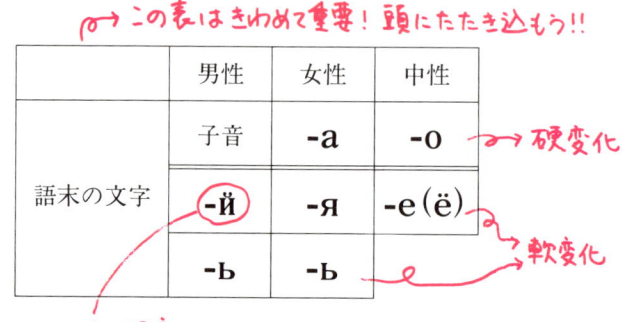

→この表はきわめて重要！頭にたたき込もう!!

	男性	女性	中性
語末の文字	子音	**-а**	**-о**
	-й	**-я**	**-е(ё)**
	-ь	**-ь**	

→硬変化
→軟変化

これは子音（⇒P.9）

男性名詞	журна́л 雑誌 ジュルナール	трамва́й 路面電車 トゥラムヴァーィ	слова́рь 辞書 スラヴァーリィ
女性名詞	кни́га 本 クニーガ	неде́ля 週 ニィヂィエーリャ	тетра́дь ノート チィトゥラーチィ
中性名詞	окно́ 窓 アクノー	по́ле 畑，野原 ポーリャ	

そのつど区別して覚えよう！

なお，Ми́ша, Ю́ра, Ва́ня など，男の名前の愛称形や，па́па（父），дя́дя（叔父）などは -а, -я で終わっていても男性名詞です。

また，特殊なものとして，**-мя で終わる中性名詞**があります。これは現代標準ロシア語では10個しかない例外中の例外です。

вре́мя 時間
ヴリィエーミャ

и́мя 名前
イーミャ

さしあたりこの2つを覚えておけばOK

§5 イントネーション（2） 〜声に出して繰り返し練習しよう!!

<ИК-2>

Кто это? Что это? のように，疑問詞で始まる疑問文のイントネーションは，疑問詞のアクセントのある音節が高く（ИК-1 のときよりもやや高く），文末に向けて下降します。

  Что э́то? Кто она́? Кто сза́ди? Что там?

<ИК-3>

疑問詞のない「〜は…ですか」と尋ねる疑問文は，肯定文と語順は同じです。もっぱら，イントネーションの違いによって，両者を区別します。このタイプの疑問文では，英語のように文末を上げて発音するのではなく，**疑問の中心になる単語のアクセントのある音節を高く発音します。**

  Это слова́рь? Она́ студе́нтка? Это А́нна?

<ИК-4>

「それではこれは？」，「それではパパは？」などのように，聞き返したり，新たに質問を付け加えたりするときの疑問文は，ロシア語らしい独特のイントネーションになります。アクセントのある音節で，瞬間やや低く発音してから，すぐに尻上がりの調子に変えて発音します。

—Что э́то? これは何ですか。 —Где ма́ма? ママはどこにいますか。
—Это слова́рь. これは辞書です。 —До́ма. 家にいます。 Онаの省略

—А э́то? それではこれは。 —А па́па? それではパパは。
—Уче́бник. 教科書です。 —Па́па то́же до́ма. パパも家にいます。
              「〜もまた」

練習問題 1

1. 例にならって，肯定と否定の両方で答えなさい。

   Это Нина? — Да, это Нина. / Нет, это не Нина.

1) Это метро́?
2) Это Са́ша?
3) Она́ врач?
4) Вы студе́нт?
5) Он ру́сский?

2. 例にならって，名詞を代名詞で受けて，質問に答えなさい。

   Ни́на до́ма? — Да, она́ до́ма.

1) Ви́ктор* до́ма?　　*男性の名
2) Метро́ там?
3) Слова́рь сле́ва?
4) Кни́га здесь?
5) По́чта напро́тив?

3. （　）内に適当な語を入れて文を完成し，かつ全文を和訳しなさい。

1) — (　) Са́ша?
   — Он там.
   — А А́нна?
   — (　) то́же там.

2) — Это кни́га?
   — (　), это кни́га.
   — А это что?
   — (　) слова́рь.

3) — Это кни́га?
   — (　), это тетра́дь.
   — (　) кни́га?
   — Она́ спра́ва.

4) — (　) впереди́?
   — Впереди́ Ви́ктор.
   — Он учи́тель?
   — Нет, он не учи́тель, а студе́нт.

Disc1 11

第3課
このテクストがわかる？

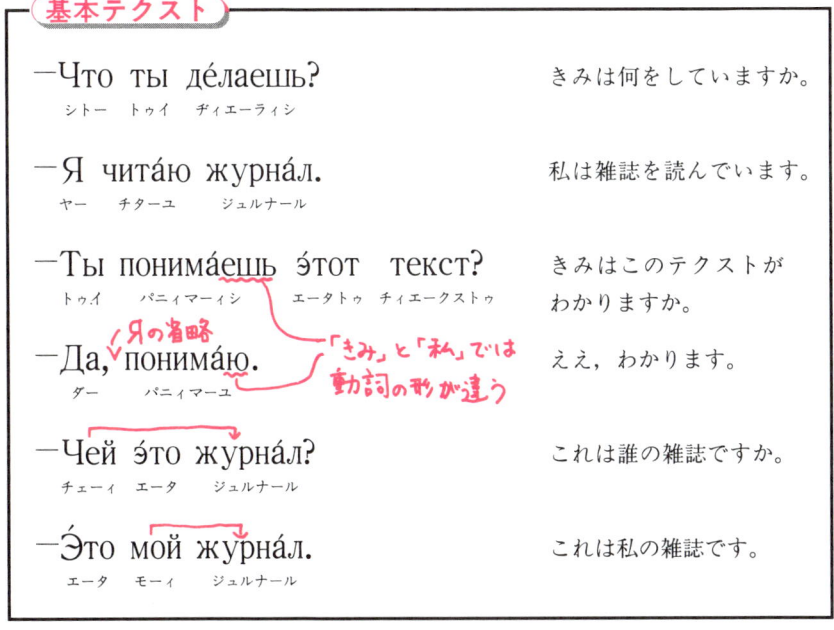

基本テクスト

―Что ты делаешь?
シトー トゥイ ヂィエーラィシ

きみは何をしていますか。

―Я читаю журнал.
ヤー チターユ ジュルナール

私は雑誌を読んでいます。

―Ты понимаешь этот текст?
トゥイ パニィマーィシ エータトゥ チィエークストゥ

きみはこのテクストがわかりますか。

―Да, понимаю.
ダー パニィマーユ

（Яの省略／「きみ」と「私」では動詞の形が違う）

ええ、わかります。

―Чей это журнал?
チェーィ エータ ジュルナール

これは誰の雑誌ですか。

―Это мой журнал.
エータ モーィ ジュルナール

これは私の雑誌です。

【単語ノート】делать する, читать 読む, понимать 理解する, текст（男）テクスト, чей 誰の, мой 私の

● ポイント

　ロシア語動詞の現在形は人称（第1課参照）と数（単数か複数か）によって変化します。動詞現在形の変化には，第Ⅰ式変化と第Ⅱ式変化の二つがありますが，この課では第Ⅰ式変化の動詞を学びます。辞書の見出し語になっている動詞の不定形（原形のこと）は，-ть で終わるものがほとんどです。

　また，「～の」を表す所有代名詞と，「この～，あの～」という指示代名詞

31

についても学んでいきます。

§1 動詞の現在形（第Ⅰ式変化）

читáть（読む）の現在人称変化は次のようになります。

Я	читáю チィターユ	журнáл.	Мы	читáем チィターィム	журнáл.
Ты	читáешь チィターィシ	журнáл.	Вы	читáете チィターィチェ	журнáл.
Он/Онá	читáет チィターィトゥ	журнáл.	Они́	читáют チィターユトゥ	журнáл.

上例を何度も声に出して読み、調子をつかんでください。調子がつかめてきたら、今度は、順番をいろいろ変えて練習します。ここはひとつ理屈抜きでやってみましょう。

すべての人称・数に共通の、変化しない部分を現在語幹といい、変化する部分を人称語尾といいます。
第Ⅰ式変化の人称語尾は次のようになります。

動詞の変化の基礎の基礎

читá-ю チィターユ	читá-ем チィターィム
читá-ешь チィターィシ	читá-ете チィターィチェ
читá-ет＊ チィターィトゥ	читá-ют チィターユトゥ

覚えるときは必ず人称代名詞をつけて練習しよう！（上例参照）
＊3人称単数は он か онá で代表させる

第Ⅰ式変化は、ты читáешь, он/онá читáет, мы читáем, вы читáете のように、人称語尾に -e の文字が現れるので、**e 変化**とも呼ばれます。

32

читáть と同じ第Ⅰ式変化に属する動詞：

дéлать	する，作る	понимáть	理解する
дýмать	考える，思う	рабóтать	働く
знать	知っている	слýшать	聞く（意識して聞く）
изучáть	学ぶ	спрáшивать	尋ねる，質問する
отвечáть	答える	гулять	散歩する
объяснять	説明する	покупáть	買う

— Что вы дéлаете? あなたは何をしていますか。

— (Я) слýшаю рáдио. (私は) ラジオを聞いています。

外来語は「アクセントのない о」も［オ］と発音することが多い

Он изучáет рýсский язы́к. 彼はロシア語を学んでいます。

Профéссор объясняет, а 対比・対照を表す接続詞 студéнты спрáшивают.
教授は説明し，（一方）学生たちは質問します。　複数形（⇨第4課§4）

§2　イントネーションが大切な理由(ワケ)

① —Он знáет рýсский язы́к?　　　—Да, знáет.
　　彼はロシア語を知っていますか。　　はい，知っています。

② —Он знáет рýсский язы́к?　　　—Да, рýсский язы́к.
　　彼が知っているのはロシア語なんですか。　はい，ロシア語です。

③ —Он знáет рýсский язы́к?　　　—Да, он.
　　彼なんですか，ロシア語を知っているのは。　はい，彼です。

上の3つの文の中で，一番常識的なのは①でしょうが，イントネーシ

ョンを使い分けることによって，まったく同じ文が②③の意味にもなります。それぞれ，下線部の単語のアクセントのある音節を，特に高く上げて，強く発音します。上例から？を取り除けば，断定的な肯定文にもなります。これがロシア語の大きな特徴の一つです。もっと簡単な文で，もう一度確認しておきましょう。

　　—А́нна там?　　—Да, А́нна. (あそこにいるのはアーンナなのかそれとも別人なのか)
　　—А́нна там?　　—Да, там. (アーンナはあそこにいるのかそれとも別の場所にいるのか)

　　　　　cf. А́нна там. (肯定文)

§3　所有代名詞

　疑問詞 чей? (誰の) に答える，「～の」という所有代名詞は，それに続く名詞の性・数に応じて形を変えます。

3性共通

	男性	女性	中性	複数		男性	女性	中性	複数
私の	мой モーィ	моя́ マヤー	моё マヨー	мои́ マイー	私たちの	наш ナーシ	на́ша ナーシャ	на́ше ナーシェ	на́ши ナーシゥィ
きみの	твой トゥヴォーィ	твоя́ トゥヴァヤー	твоё トゥヴァヨー	твои́ トゥヴァイー	きみたちの あなた方の あなたの	ваш ヴァーシ	ва́ша ヴァーシャ	ва́ше ヴァーシェ	ва́ши ヴァーシゥィ
彼の 彼女の それの		его́ イヴォー её イヨー его́ イヴォー			彼らの 彼女らの それらの		их イーフ		

　его́, её, их は，不活動体名詞 (モノやことがら) を受ける場合，「それの」「それらの」という意味になります。

混同しないように！

　(мой) журна́л,　моя́ кни́га,　моё письмо́：(мои́) часы́

　наш журна́л,　на́ша кни́га,　на́ше письмо́：на́ши часы́

「時計」は1個の場合でも複数形

его журнал, его книга, его письмо: его часы
их журнал, их книга, их письмо: их часы

3人称の所有代名詞は性・数に関わりなく，一つの形しかありません。твой は мой と，ваш は наш と同様の変化をします。

ロシア語の所有代名詞は人称代名詞とはまったく別個の独立した代名詞で，英語の I - my - me の関係とは異なります。

§4 疑問詞　чей

男性	女性	中性	複数
чей	чья	чьё	чьи
チェーイ	チィヤー	チィヨー	チィイー

語末の文字に注目！мой, твой とまったく同じ

—Чей это словарь?　　　これは誰の辞書ですか。
　チェーイ　エータ　スラヴァーリィ

—Это мой словарь.　　　これは私の辞書です。
　　　モーイ

—Чья это ручка?　　　これは誰の万年筆ですか。
　チィヤー　　　ルウーチカ

—Это моя ручка.　　　これは私の万年筆です。
　　　マヤー

—Чьи это часы?　　　これは誰の時計ですか。
　チィイー　チィスゥイ

—Это мои часы.　　　これは私の時計です。
　　　マイー

—Это ваша газета?　　　これはあなたの新聞ですか。
　　　ヴァーシャ　ガズィエータ

—Да, моя./Нет, не моя.　　　はい，私のです。/いいえ，私のではありません。
　　マヤー　　ニィ　マヤー

§5　指示代名詞　этот

指示代名詞 этот もまた，それに続く名詞の性・数に応じて変化します。「この～，その～」という意味を表し，必ず名詞に付けて用いられ，単独で主語になることはふつうありません。同じ指示代名詞でも，「これ（それ）は」という это とは性格が異なることに注意してください。

　этот が空間的・心理的に近いものを指す（近称）のに対して，тот は遠いものを指します（遠称）。

	男性	女性	中性	複数
この	э́тот エータトゥ	э́та エータ	э́то エータ	э́ти エーチィ
あの	тот トートゥ	та タ	то ト	те チィエ

（中性 э́то に「これまでの это と混同しない」、те に「綴り字に注意」の注記）

比較してみましょう。

Э́то мой слова́рь.　これは私の辞書です。　　Э́тот слова́рь мой.　この辞書は私のです。

Э́то твоя́ кни́га.　これはきみの本です。　　Э́та кни́га твоя́.　この本はきみのです。

Э́то его́ ко́мната.　あれは彼の部屋です。　　Та ко́мната его́.　あの部屋は彼のです。

Э́то её письмо́.　これは彼女の手紙です。　　Э́то письмо́ её.　この手紙は彼女のです。

Э́то ва́ши часы́.　これはあなたの時計です。　Э́ти часы́ ва́ши.　この時計はあなたのです。

Disc1 12

第4課

ロシア語を話す

基本テクスト

— Вы говори́те по-ру́сски?
　ヴゥイ　ガヴァリーチェ　パルウースキ

（人称語尾の違いに注意）

— Да, я говорю́ по-ру́сски,
　ダー　ヤー　ガヴァリュー　パルウースキ

но ещё пло́хо.
ノ　イシショー　プローハ

— Как по-ру́сски «окане́»?
　カーク　パルウースキ　オカネ

— Де́ньги.
　ヂィエーニィギ

— У вас есть сестра́?
　ウヴァース　イエースチィ　スィストゥラー

— Да, у меня́ есть сестра́.
　ダー　ウミィニャー　イエースチィ　スィストゥラー

あなたはロシア語を話しますか。
（「話せます」と訳してもよい）

はい、私はロシア語を話しますが、まだ下手です。

「お金」をロシア語でどういいますか。

«де́ньги» といいます。

あなたには姉（妹）がいますか。

はい、私には姉（妹）がいます。
→ I have a sister.

（ひとまず丸暗記しよう）

【単語ノート】говори́ть 話す，по-ру́сски ロシア語で・ロシア風に，но だが，しかし，ещё まだ，пло́хо 下手に・悪く，как いかに，де́ньги（複）お金，у＋生格 …のところに，есть ある・いる；…である

● ポイント

第Ⅱ式変化に属する動詞の現在人称変化を学びます。第Ⅰ式変化との違いに気をつけてください。

37

名詞の複数形の作り方を勉強しますが，名詞の性の分類表がここで威力を発揮します（うろ覚えの人は，第2課に戻って，確認しておきましょう）。

「～は…を持っている」という所有の表現がでてきます。

§1 動詞の現在形（第Ⅱ式変化）

говори́ть（話す）：第Ⅱ式変化　←これも動詞の基礎の基礎

я	говор-**ю́**	мы	говор-**и́м**
	ガヴァリュー		ガヴァリーム
ты	говор-**и́шь**	вы	говор-**и́те**
	ガヴァリーシ		ガヴァリーチェ
он/она́	говор-**и́т**	они́	говор-**я́т**
	ガヴァリートゥ		ガヴァリャートゥ

第Ⅱ式変化は，**и 変化**とも呼ばれます。e 変化（第Ⅰ式変化）の場合とどこが違うか，比べてみましょう。相違点は次の3つです。

(1)　ты, он/она́, мы, вы の人称語尾が，-e ではなく，-и で始まる。

(2)　3人称複数（они́）の人称語尾が，-ют ではなく，-ят である。

(3)　чита́ть の場合は -ть を除いた部分が語幹であったが，говори́ть の場合は -ить を除いた部分が語幹になる。

говори́ть と同じ第Ⅱ式変化に属する動詞：

кури́ть：курю́, ку́ришь, ку́рит, ку́рим, ку́рите, ку́рят [1])　喫煙する　アクセントが移動する

смотре́ть：смотрю́, смо́тришь, … смо́трят [1])　見る

стоя́ть：стою́, стои́шь, … стоя́т　立っている

сиде́ть：сижу́, сиди́шь, … сидя́т [2])　座っている　← 子音の交替に注意

люби́ть：люблю́, лю́бишь, … лю́бят [1)2)]　愛する

1)　アクセントの位置が，1人称単数のときに語尾にあり，それ以降は語幹に移る。アクセントの移動はやっかいなものであるが，一つ一つの動詞ごとに覚えていくしかない。　←必ず辞書に示されている

2) 第Ⅱ式変化の動詞には，1人称単数で，語幹末の子音が変化するものが少なくない。上例では，д→ж，б→бл と変わっている。この現象を「子音の交替」という。

（手書き注: 必ず辞書に示されている）

§2　по-ру́сски の用法

по-ру́сски とは,「ロシア語で」あるいは「ロシア風に」という意味です。この語を使ったよく見かける表現に慣れておきましょう。

（手書き注: 暗記しよう！）

говори́ть по-ру́сски	ロシア語を話す（ロシア語で話す）
чита́ть по-ру́сски	ロシア語を読む（ロシア語で読む）
писа́ть по-ру́сски	ロシア語を書く（ロシア語で書く）
понима́ть по-ру́сски	ロシア語がわかる（ロシア語で理解する）

「ロシア語を話す」と聞けば，говори́ть ру́сский язы́к と言いたくなりますが，こんな表現はロシア語にはありません。その代わりに上例のように表現するのです。ただ，понима́ть ру́сский язы́к は可能です。

一方，изуча́ть ру́сский язы́к とは言えても，изуча́ть по-ру́сски とは言えません。また，знать の場合は знать ру́сский язы́к の方が一般的ですが，по-ру́сски と結びつくことも不可能ではありません。ことばは生き物です。論理だけでは説明がつかないことも珍しくないですね。

Он хорошо́ говори́т по-ру́сски.　　　彼は上手にロシア語を話します。
　オーン　ハラショー　ガヴァリートゥ　パルウースキ

Я ещё пло́хо говорю́ по-ру́сски.　　　私はまだロシア語を話すのが下手です。
　ヤー　イショー　プローハ　ガヴァリュー

Они́ говоря́т по-англи́йски, а мы говори́м по-япо́нски.
　アニー　ガヴァリャートゥ　パアングリーィスキ　ア　ムゥイ　ガヴァリーム　パィポーンスキ
彼らは英語を話しますが，私たちは日本語を話します。

（手書き注: 対比・対照（⇒第3課§1））

Она́ уме́ет чита́ть, писа́ть, говори́ть по-неме́цки.
　アナー　ウミィエーイトゥ　チィターチィ　ピィサーチィ　ガヴァリーチィ　パニィミィエーツキ
彼女はドイツ語を読み，書き，話すことができます。

（手書き注: 不定形は уме́ть：動詞の不定形とともに「…できる」）

§3　私は本を持っている

　英語の I have a book. に相当する表現を学びましょう。文法の説明はいずれすることにして，ここではパターン化して覚えてもらいます。

У меня́ есть кни́га.　　　私は本を持っています。
ウ　ミィニャー　イエースチィ　クニーガ　　　（直訳：私のところには本があります）

＊これは省略できない

　これまで見てきたように，現在形では存在を表す動詞がふつう省略されます。しかし，上の構文では，持っているかいないか，あるかないか，ということが意味的中心になるので есть を省略できないのです。
　есть は，存在（ある，いる）あるいは連辞（〜です）を表す動詞の現在形ですが，人称・数によって変化しない，きわめて特殊な動詞です。

口調で覚えておけばあとで役立つ！

У меня́ [ウミィニャー]		私は本を持っています。
У тебя́ [ウチィビャー]		きみは本を持っています。
У него́ [ウニィヴォー]		彼は本を持っています。
У неё [ウニィヨー]	есть кни́га.	彼女は本を持っています。
У нас [ウナース]		私たちは本を持っています。
У вас [ウヴァース]		あなた(きみたち・あなた方)は本を持っています。
У них [ウニーフ]		彼ら(彼女ら)は本を持っています。

―У вас есть брат?　　　あなたには兄（弟）がいますか。
　ウ　ヴァース　イエースチィ　ブラートゥ

―Да, у меня́ есть брат.　　はい，私には兄（弟）がいます。
　ダー　ウ　ミィニャー　イエースチィ　ブラートゥ

―У них есть де́ти?　　　彼らには子供（複数）がいますか。
　ウ　ニーフ　イエースチィ　ディエーチ

―Да, есть.　　　　　　　　はい，います。

§4 名詞の複数形

第2課の名詞分類表を簡略化して，複数形の作り方を示します。

子音 男① ＋ы	-а 女④ а → ы	-о 中⑦ о → а
-й 男② й → и	-я 女⑤ я → и	-е(ё) 中⑧ е(ё) → я
-ь 男③ ь → и	-ь 女⑥ ь → и	

（硬化／軟化）

硬・軟の区別がここで役立ちます。①④⑦が硬変化です。語末が硬母音 -ы, -а で終わっています。それに対して，②③⑤⑥⑧は軟変化で，語末が軟母音 -и, -я で終わっています。（要注意!!）

① журна́л → журна́лы, студе́нт → студе́нты
② музе́й → музе́и (博物館), трамва́й → трамва́и
③ слова́рь → словари́ [1], преподава́тель → преподава́тели (教師, 講師)
④ по́чта → по́чты, кни́га → кни́ги [2], студе́нтка → студе́нтки [2]
⑤ неде́ля → неде́ли, ле́кция → ле́кции (講義)
⑥ тетра́дь → тетра́ди, пло́щадь → пло́щади (広場)
⑦ окно́ → о́кна [1], письмо́ → пи́сьма [1]
⑧ зда́ние → зда́ния (建物), по́ле → поля́ [1]

1) アクセントの位置が移動する。アクセントの移動する名詞については，すべて辞書に表示されている。

2) 本来は語末が -ы になるはずだが，「正書法の規則」(§5参照) によって -и と書く。

〔その他の注意事項〕

(1) 男性名詞の中には -а, -я で終わる複数形をもつものがある。
   дом → дома́ (家), го́род → города́ (都市), профе́ссор → профессора́, глаз → глаза́ (目), учи́тель → учителя́

（このタイプは必ず語末にアクセントがくる）

(2) -мя で終わる中性名詞の複数形は，-мя → -мена となる。
   вре́мя → времена́, и́мя → имена́

(3) 男性・中性名詞の中には -ья で終わる複数形をもつものがある。

  брат → бра́тья， друг → друзья́ (友人)， стул → сту́лья (椅子)

  де́рево → дере́вья (木)

(4) つねに複数形で用いられる名詞もある。

  де́ньги， часы́， очки́ (メガネ)， брю́ки (ズボン)

(5) 単数形と複数形で異なる単語を使うものがある。

  ребёнок (子供) – де́ти (子供たち)， челове́к (人) – лю́ди (人々)

(6) мать (母)， дочь (娘)， я́блоко (リンゴ) の複数形は特例。

  ма́тери， до́чери， я́блоки

§5 正書法の規則

日本語では、「町へ行く」という場合に、「町え行く」とは絶対に書きません。このように、ある言語の表記に関するとりきめのことを正書法（あるいは正字法）といい、ロシア語では次のようになっています。

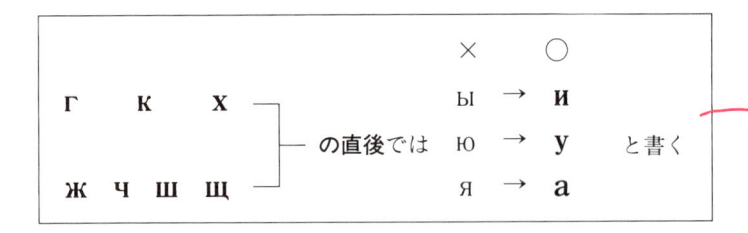

				×	○	
г	к	х	の直後では	ы →	и	と書く
ж	ч	ш	щ	ю →	у	
				я →	а	

従って§4では、кни́га の複数形が кни́гы ではなく кни́ги となり、同様に、студе́нткы とは書けないので、студе́нтки となったのです。

正書法の規則はいかなる場合にも優先される。絶対に暗記しよう!!

練習問題 2

1. （ ）内の動詞不定形を適当な現在形に変えて，和訳しなさい。

1) —Что вы сейчас（делать）? —Сейчас я（слушать）радио.
2) Масао хорошо（знать）русский язык.
3) —Где（стоять）стол? —Он（стоять）слева.
4) —Что ты（изучать）? —Я（изучать）японский язык.
5) Они ещё плохо（говорить）по-русски.

2. （ ）内の所有代名詞と指示代名詞を，必要があれば正しい形に直しなさい。

1) —Где（ваш）тетрадь? —（Мой）тетрадь здесь.
2) （Этот）студентка хорошо понимает по-английски.
3) （Этот）студент изучает русский язык, а（тот）—английский.
4) —（Твой）мать работает? —Да, работает.
5) —Кто（её）брат? —Он врач.

3. 例にならって以下の文が答えになるような問いの文を作りなさい。

    Это мой учебник. ← Чей это учебник?

1) Это моё письмо.
2) Это мои часы.
3) Это моя ручка.
4) Да, у меня есть магнитофон.
5) Да, у него есть сестра.

4. 次の単語の複数形を作りなさい。

1) учебник　　2) комната　　3) учительница　　4) инженер
5) газета　　6) собрание 集会　　7) письмо　　8) словарь
9) станция 駅　　10) подруга 女友だち

第 5 課
来た，見た，勝った

基本テクスト

— Что вы делали вчера вечером?
シトー ヴゥイ ディエーラリ フチィラー ヴィエーチィラム

— Вчера вечером я смотрел
フチィラー ヴィエーチィラム ヤー スマトゥリィエール

телевизор.
チィリィヴィーザル

— А ваша сестра?
ア ヴァーシャ スィストゥラー

— Она читала журнал.
アナー チィターラ ジュウルナール

— Ваша сестра работает
ヴァーシャ スィストゥラー ラボータィトゥ

или учится?
イーリィ ウーチッツァ

— Работает.
ラボータィトゥ

— Где она работает?
グディエー アナー ラボータィトゥ

— В школе. Она учитель.
フ シコーリャ アナー ウチーチィリィ

あなたは昨晩何をしていましたか。

昨晩私はテレビを見ていました。

で，あなたのお姉さんは。

彼女は雑誌を読んでいました。

あなたのお姉さんは働いているのですか，それとも学生(勉強しているの)ですか。

働いています。

彼女はどこで働いているのですか。

学校です。彼女は教師です。

【単語ノート】вчера 昨日，вечером 晩・夕方(に)，телевизор(男) テレビ，учиться 学ぶ・在学している，школа(女) 学校(小・中・高)

● ポイント

　動詞の過去形は現在形のような人称変化をせず，主語の性・数に応じて変化します。つまり，男性単数，女性単数，中性単数，および複数（性に関係なく）の4つの形しかありません。
　また，過去形では第Ⅰ式変化，第Ⅱ式変化の区別は関係がありません。
　この課から本格的に名詞などの格変化を学んでいきます。これまでは，名詞をほとんど主語として（主格で）用いてきましたが，ここでは前置格の用法を学びます。

§1　動詞の過去形

　過去形は，不定形から -ть を取り除いて，男性単数には -л ，女性単数には -ла，中性単数には -ло，複数（3性共通）には -ли を加えることによってえられます。性・数によって変化するのですから，例えば「私」が男であれば я рабо́тал となり，女であれば я рабо́тала となるわけです。「きみ」ты の場合も同じです。 вы の場合は一人であってもつねに複数形を使います。

$$
\text{чита́-ть} \; (\text{読む}) \;\rightarrow\;
\begin{cases}
(\text{чита})+\text{л} & \rightarrow \text{чита́л} & (\text{я, ты, он}) \\
(\text{чита})+\text{ла} & \rightarrow \text{чита́ла} & (\text{я, ты, она́}) \\
(\text{чита})+\text{ло} & \rightarrow \text{чита́ло} & (\text{оно́}) \\
(\text{чита})+\text{ли} & \rightarrow \text{чита́ли} & (\text{мы, вы, они́}) \\
\end{cases}
$$

　動詞の不定形のほとんどは -ть 型です。ほかに，-ти 型，-чь 型が少しありますが，その場合の過去形は上例とは異なります。

　　　говори́ть　→　говори́л, говори́ла, говори́ло, говори́ли
　　　смотре́ть　→　смотре́л, смотре́ла, смотре́ло, смотре́ли
　　　изуча́ть　→　изуча́л, изуча́ла, изуча́ло, изуча́ли

　ちなみに，表題のシーザーの名文句をロシア語に訳すと≪Пришёл, уви́дел, победи́л.≫となります。

быть の過去形

いままで正体を隠してきた存在や連辞をあらわす動詞の不定形，それが быть です（英語の be 動詞に相当します）。現在形では省略されることがふつうでしたが，過去形では省略できません。

быть の過去			
был	была́	бы́ло	бы́ли
ブゥイル	ブゥイラー	ブゥイラ	ブゥイリ
не́ был	не была́	не́ было	не́ были
ニィエーブゥイル	ニィブゥイラー	ニィエーブゥイラ	ニィエーブゥイリ

※アクセントの移動，とくに否定形のときの移動に注意！

Сейча́с Анто́н / А́нна до́ма.　今，アントーン／アーンナは家にいる。
スィチャース　アントーン　アーンナ　ドーマ

Вчера́ Анто́н / А́нна был / была́ до́ма.　昨日，アントーン／アーンナは家にいた。
フチラー　アントーン　アーンナ　ブゥイル　ブゥイラー　ドーマ

※過去形は省略できない

§2 СЯ 動詞

учи́ться のように語末に -ся をともなう動詞を ся 動詞と呼びます。現在変化でも過去変化でも，-ся を取り除いた部分の変化形に -ся をつけるだけでいいのですが，-ся の直前に母音がくる場合は -ся を -сь に変えます。なお，-ся 動詞には他動詞がありません。

※要注意！

учи́ться（勉強する，在学中である）		
現在変化		過去変化
учу́сь	у́чимся	учи́лся
ウチュースィ	ウーチムシャ	ウチールシャ
у́чишься	у́читесь	учи́лась
ウーチシャ	ウーチチスィ	ウチーラスィ
у́чится	у́чатся	учи́лось
ウーチッツァ	ウーチャッツァ	ウチーラスィ
		учи́лись
		ウチーリスィ

※いずれも［ッツァ］と発音

46

—Вы у́читесь и́ли рабо́таете?
ヴゥイ ウーチチィスィ イーリ ラボータィチェ

あなたは学生ですか社会人ですか。

—Я учу́сь.
ヤー ウチュースィ

私は学生です(勉学中です)。

—Что он де́лал вчера́ ве́чером?
シトー オーン ディエーラル フチィラー ヴィエーチィラム

昨晩彼は何をしていましたか。

—Он занима́лся в библиоте́ке.
オーン ザニィマールスャ ウビブリアチィエーキェ

図書館で勉強していました。

учи́ться, занима́ться はともに勉強するという意味になるが，前者がより一般的な意味合いで用いられ，教育を受けている状態や成績を指すのに対して，後者はより具体的な事柄を，一定の状況のもとで勉強するときに用いられる。

Он хорошо́ у́чится, потому́ что мно́го занима́ется.
オーン ハラショー ウーチッツァ パタムウー シタァ ムノーガ ザニマーイッツァ

彼はよく勉強するので成績が良い。

Она́ у́чится в МГУ.
アナー ウーチッツァ ヴ エム・ゲー・ウー

彼女はモスクワ大学に在学中である。

<u>М</u>осковский <u>Г</u>осударственный (国立の) <u>У</u>ниверситет の略

§3 6つの格

日本語では名詞と文中の他の語（成分）との関係を示す際に，「は，が，の，を，に，へ…」などの助詞が用いられます（膠着語）。他方，ロシア語の場合は名詞それ自体が語形変化することによって，他の語との関係を示すのです（屈折語）。そしてこの変化を格変化と呼んでいます。

格変化をするものには，名詞（固有名詞を含む）以外に，代名詞（所有代名詞，指示代名詞など），形容詞，数詞があり，それぞれ6つの格をもっています。

本書では，これからゆっくり時間をかけて，それぞれの格の形態や用法を見てゆくことにしますが，ひとまずその全体的な見取り図を提示しておきましょう。Ти́ше е́дешь, да́льше бу́дешь.（急がば回れ）とロシアの諺も教えていますから。

⇒ P.186

47

	主な機能	基本的な意味
主格	主語	〜は（が）
生格	所有，帰属	〜の
与格	間接目的語	〜に
対格	直接目的語	〜を
造格	手段，道具	〜で，〜を用いて
前置格	必ず前置詞を伴う	（前置詞の意味による）

§4　名詞の前置格

　前置格は必ず前置詞といっしょに用いられる格です。まずは，場所を表す前置詞といっしょに用いられる前置格の用法について学んでいきましょう。

前置詞 в/на + 前置格

語順に注意：代名詞の主語は動詞の前，その他は後ろ

—Где вы рабóтаете?
　グヂィエー　ヴゥイ　ラボータィチェ
あなたはどこで働いていますか。
（どこにお勤めですか）

—Я рабóтаю на завóде.
　ヤー　ラボータユゥ　ナザヴォーヂェ
私は<u>工場</u>で働いています。

—Где рабóтает Натáша?
　グヂィエー　ラボータィトゥ　ナターシャ
ナターシャはどこで働いていますか。

—Онá рабóтает в библиотéке.
　アナー　ラボータィトゥ　ヴビブリアチェーキェ
彼女は<u>図書館</u>で働いています。

где? (どこで？) という質問に対する答え（「〜で」）の「で」に相当するのが，前置詞 в, на です。

　では，в と на をどのように使い分けるのかというと，上例からもわかるように，理屈では説明のつかない場合が多いのです。ですから，あとに続く（場所を表す）名詞によって，いずれの前置詞を選択すべきかがあらかじめ決まっているのだ，と覚えておくのが最良の策でしょう（一覧表 p. 50 参照）。

　なお，本来 в, на はそれぞれ次のような独自の意味を持っています。

48

в	+ 前置格	～の中に（内部に）
на	+ 前置格	～の上に（表面に）

Кни́га в столе́/на столе́.　　本は机の中に/上にあります。

—Где вы бы́ли вчера́?　　昨日あなたはどこへ行ったのですか。
　ブゥイリ　フチィラー　　　（どこにいましたか）

—Вчера́ я был в теа́тре.　　昨日私は劇場へ行ってきました。
　　ブゥイル フチィアートゥリェ　（劇場にいました）

※ быть は「行く，行ってくる」と訳した方がピッタリする場合も多い

前置格の作り方

① + -e	④ -a →-e	⑦ -o →-e
② -й →-e	⑤ -я →-e	⑧ -e →-e
③ -ь →-e	⑥ -ь →-и	

● ⑥（例：пло́щадь → на пло́щади　広場で）以外はすべて語末が -e になっている。ただし，-ий(男性)，-ия(女性)，-ие(中性)で終わるものは -ии。
санато́рий サナトリウム → в санато́рии, ста́нция → на ста́нции, зда́ние → в зда́нии

〔その他の注意事項〕
(1) 男性名詞の中には -у(-ю)で終わる特殊な前置格をもつものがある。その際，アクセントは必ず語末にくる。
　　в шкафу́ 戸棚に，в углу́ 隅に，в саду́ 庭で，в лесу́ 森で
　　в ～ году́ ～年に，на краю́ 端に，на берегу́ 岸で

(2) 外来語 кино́, метро́, кафе́ などは格変化しない。
　　в кино́ 映画館で，на метро́ 地下鉄で，в кафе́ 喫茶店で

ЗАПО́МНИТЕ！（暗記しよう！）

ГДЕ？			
В		**НА**	
в стране́	国で	на ро́дине	祖国で，故郷で
в го́роде	都市で	на пло́щади	広場で
в дере́вне	村で，田舎で	на у́лице	通りで
в аудито́рии	議義室で	на проспе́кте	大通りで
в кла́ссе	クラスで，（小中高の）学年で	на се́вере/ю́ге	北/南で
в библиоте́ке	図書館で	на восто́ке/за́паде	東/西で
в университе́те	大学で	на ле́кции	講義で
в институ́те	(単科)大学で，研究所で	на уро́ке	授業で
в шко́ле	学校(小中高)で	на факульте́те	学部で
в теа́тре	劇場で	на ку́рсе	(大学の)学年で
в кино́	映画館で	на конце́рте	コンサートで
в больни́це	病院で	на собра́нии	集会で
в поликли́нике	診療所で	на остано́вке	停留所で
в клу́бе	クラブで	на ста́нции	駅で
в рестора́не	レストランで	на вокза́ле	駅(ターミナル)で
в кафе́	カフェーで	на по́чте	郵便局で
в магази́не	商店で	на рабо́те	仕事で，職場で
в ко́мнате	部屋で	на заво́де	工場で(重工業の)
в фи́рме	会社で，商社で	на фа́брике	工場で(軽工業の)
в музе́е	博物館で，美術館で	на ве́чере	パーティーで
в па́рке	公園で	на вы́ставке	展覧会で
в райо́не	地区で	на стадио́не	スタジアムで

第6課
赤の広場とホワイトハウス

基本テクスト

— Máма, где моя блу́зка?
　マーマ　グヂィエー　マヤー　ブルウースカ

ママ、私のブラウスはどこ？

— Кака́я блу́зка?　Кра́сная?
　カカーィャ　ブルウースカ　　クラースナィャ

どんなブラウス？　赤いの？

— Нет, бе́лая.
　ニィエートゥ　ビィエーリャ

いいえ、白いのよ。

— Бе́лая блу́зка вон там
　ビィエーリャ　ブルウースカ　ヴォーン　ターム

в шкафу́.
フシカフウー　⇨第5課§4

白いブラウスなら、ほらあそこの簞笥の中よ。

— О чём ты ду́маешь?
　アチョーム　トゥィ　ドゥーマィシ
　　　　чтоの前置格

何を(何について)考えているんだい？

— Об экза́мене.
　アベグザーミィニェ
　音便形(⇨§2)

試験のことだよ。

— А когда́ бу́дет у тебя́
　ア　カグダー　ブーヂィトゥ　ウチィビャー

экза́мен?
エグザーミィン

で、試験はいつあるんだい？

— За́втра.
　ザーフトゥラ

明日なんだ。

【単語ノート】блу́зка（女）ブラウス，како́й どんな・いかなる，кра́сный 赤い，бе́лый 白い，вон ほら（あそこに），о＋前置格 …について・関して，экза́мен（男）試験，когда́ いつ，за́втра 明日

● ポイント

　形容詞も格変化しますが，まずこの課では主格の用法を学びます。形容詞は関係する（修飾する）名詞に応じて性・数・格（格については後回し）が変化します。形容詞の変化には，硬変化と軟変化の２つのタイプがあります。
　第５課に続いて前置格が出てきますが，この課では主に代名詞の前置格について説明します。
　また，бытьの未来変化とその基本的用法，さらには，人の名前やモノの名称を尋ねるときによく使われる基本的な表現にも慣れてもらいます。

§1　形容詞の性と数

形容詞の種類とそれぞれの性・数による変化は次のとおりです。

	男性	女性	中性	複数(3性共通)
硬変化	но́вый 新しい ノーヴゥィ	но́вая ²⁾ ノーヴァャ	но́вое ²⁾ ノーヴァャ	но́вые ノーヴゥィャ
	молодо́й ¹⁾ 若い マラドーィ	молода́я マラダーィャ	молодо́е マラドーィャ	молоды́е マラドゥイーャ
軟変化	си́ний 青い スィーニィ	си́няя ²⁾ スィーニャ	си́нее ²⁾ スィーニィャ	си́ние ²⁾ スィーニィャ

1)　молодо́й のように，男性形が -о́й で終わるものは，必ず語尾にアクセントがある。　　большо́й 大きい，дорого́й 高価な，親愛なる
　一方，-ый および軟変化型のものは必ず語幹にアクセントがある。
2)　発音上はほとんど区別がつかない。

混合変化型

ру́сский	ру́сская	ру́сское	ру́сские[1]
большо́й	больша́я	большо́е	больши́е[2]
хоро́ший	хоро́шая	хоро́шее	хоро́шие[3]

1) 本来は но́вый 型だが，正書法の規則により -кий, -кие となる。
2) 本来は молодо́й 型だが，同様に -шие となる。
3) 本来は си́ний 型だが，同様に -шая となる。

疑問詞 како́й (どんな，いかなる) ← 変化は形容詞型

—Како́й э́то слова́рь? それはどんな辞書ですか。

—Э́то ру́сско-япо́нский слова́рь. それは露和辞典です。

—Кака́я э́то пло́щадь? それはどんな(何という)広場ですか。

—Э́то Кра́сная пло́щадь. それは赤の広場です。

—Како́е э́то пальто́? それはどんなオーバーですか。

—Э́то тёплое пальто́. それは暖かいオーバーです。

—Како́й сего́дня день? 今日は何曜日（どんな日）ですか。 「曜日」を言くときの決まり文句

—Сего́дня суббо́та. 今日は土曜日です。 男性名詞

—Кака́я у вас ко́мната?* あなたのところはどんな部屋ですか。

—У меня́ све́тлая ко́мната.* 私のところは明るい部屋です。

* у ～で所有を表すことはすでに述べたが，上例では，「持っている」「ある・いる」ということが話題の中心ではなく，部屋は部屋でもどんな部屋なのかが問題にされている。このように，所有しているものの性質や特徴に話者の関心がある場合には，動詞 есть が省略される。

　　У неё голубы́е глаза́.　彼女は空色の目をしている。

⇨第4課§4

§2　代名詞の前置格

前置詞 о は，後ろに名詞や代名詞の前置格を従えて，「～について，～に

関して」という意味を表します。このように，ある前置詞が定まった格の単語を後続させることを格支配といいます。

1. 人称代名詞の前置格

暗記するしかない！

主格	前置格
я	обо мне*
ты	о тебе́
он, оно́	о нём
она́	о ней
мы	о нас
вы	о вас
они́	о них

* обо は о の音便形（発音の便宜上綴り字が変化したもの）で，きわめて特殊な形。また，後ろに а, э, о, у などの硬母音が続くときは об となる。

об экза́мене 試験について

об отце́ 父について

変化に際してеが脱落（⇒第8課§2）

2. 所有代名詞の前置格

男性・中性		女性		複数（3性共通）	
主格	前置格	主格	前置格	主格	前置格
чей чьё	о чьём	чья	о чьей	чьи	о чьих
мой моё	о моём	моя́	о мое́й	мои́	о мои́х
наш на́ше	о на́шем	на́ша	о на́шей	на́ши	о на́ших

1) 男性形と中性形はまったく同じ前置格になる。
2) твой は мой と，ваш は наш と同様の変化をする。
3) свой（自分の，自分自身の）は мой, твой と同様の変化をする。

3. кто, что の前置格

主格	前置格
кто	о ком
что	о чём

4. 指示代名詞 этот, тот の前置格

男性・中性		女性		複数（3性共通）	
主格	前置格	主格	前置格	主格	前置格
этот это	об этом	эта	об этой	эти	об этих
тот то	о том	та	о той	те	о тех

Мой друг расска́зывал о ней.
モーイ　ドゥルーク　ラスカーズゥィヴァル　アニィエーィ
私の友人は彼女について語りました。

—О ком вы говори́ли?
アコーム　ヴゥイ　ガヴァリィーリ
あなたは誰のことを話していたのですか。

—Я говори́л о свое́й сестре́.
ヤー　ガヴァリィール　アスヴァィエーィ　スィストゥリィエー
私は自分の姉のことを話していたのです。

—О чём э́тот фильм?
アチョーム　エータトゥ　フィーリィム
その映画は何に関する映画ですか。

—О на́шей ро́дине.
アナーシェィ　ローヂィニェ
われわれの祖国に関するものです。

Он всегда́ ду́мает о своём бра́те.
オーン　フスィグダー　ドゥーマィトゥ　アスヴァヨーム　ブラーチェ
彼はいつも自分の弟のことを考えている。

—Ты слы́шала об э́том университе́те?
トゥィ　スルゥィシャラ　アベータム　ウニヴィルスィチィエーチェ
その大学について聞いたことがあるかい。

(手書き注: この「きみ」はもちろん女性)

55

—Да, я слы́шала о нём.
ダー　ヤー　スルゥイシャラ　アニィヨーム
ええ，(それについて)聞いたことがあるわ。

§3　быть の未来形

未来時制では быть は人称と数に応じて変化します。

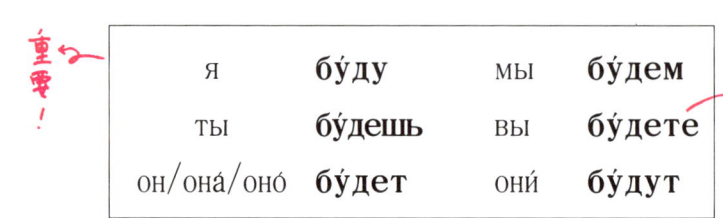

重要!

я	бу́ду	мы	бу́дем
ты	бу́дешь	вы	бу́дете
он/она́/оно́	бу́дет	они́	бу́дут

e変化の一種

　　я　бу́ду［ブウードゥ］　　　　　　　　　私は
　　ты　бу́дешь［ブウーヂィシ］　　　　　　きみは
　　он　бу́дет［ブウーヂィトゥ］　　　　　　彼は
За́втра она́ бу́дет　　　　　в теа́тре.　明日彼女は劇場に行くでしょう。
　　мы　бу́дем［ブウーヂィム］　　　　　　私たちは
　　вы　бу́дете［ブウーヂィチェ］　　　　　あなた(あなた方)は
　　они́　бу́дут［ブウードゥトゥ］　　　　　彼ら(彼女ら)は

За́втра у нас бу́дет собра́ние.
明日私たち(のところで)は集会があります。
　→ Вчера́ у нас бы́ло собра́ние.
　　昨日私たち(のところで)は集会があった。

—Когда́ бу́дет ве́чер?　　　　パーティーはいつありますか。
—Он бу́дет за́втра ве́чером.　(それは)明晩あります。
—Како́й день бу́дет за́втра?　明日は何曜日ですか。
—(За́втра бу́дет) воскресе́нье. (明日は)日曜日です。
　　　　ヴァスクリィスィエーニィャ

§4　名前の尋ね方と答え方

—Как вас зовýт?
　カーク　ヴァース　ザヴゥートゥ
あなたのお名前は何といいますか。

— Меня́ зовýт Óльга.
　ミィニャー　ザヴゥートゥ　オーリィガ
私の名前はオーリガです。

Как вас зовýт? と尋ねられたら，Меня зовýт 〜 と答えます。日本人の場合，姓で答えるのか名で答えるのか，それとも姓名で答えるのか，という問題ですが，どれで答えてもかまいません。要するに，相手に呼んでもらいたい呼び名で答えればいいのです。

	тебя́	(きみは)		Меня́	
	егó	(彼は)		Егó	
Как	её	(彼女は)	зовýт? → Её	зовýт 〜
	вас	(あなたは，きみたちは，あなた方は)		Меня (Нас)	
	их	(彼らは，彼女らは)		Их	

繰り返し練習して調子をつかもう！

§5　モノの名称の尋ね方

—Как называ́ется э́то зда́ние?
　カーク　ナズゥィヴァーイッツァ　エータ　ズダーニィヤ
その建物は何と呼ばれていますか(の名称は何ですか)。

—Онó называ́ется ≪Бéлый дом≫.
　アノー　ナズゥィヴァーイッツァ　ビィエールゥィ　ドーム
それは「ホワイトハウス」と呼ばれています。

モノの名称を尋ねるときは называ́ться (…と呼ばれる，…という名である) を用いて

　　Как называ́ется 〜 ?

と表現します。

「〜」が複数のときは называ́ются

練習問題 3

1. （　）内の動詞不定形を過去形にし，かつ全文を和訳しなさい。

1) Ра́ньше* моя́ семья́ (жить) в Москве́.　*かつて, 以前
2) —Где (учи́ться) Ви́ктор?　—Он (учи́ться) в Ки́еве.
3) Вчера́ они́ (быть) в кино́.
4) А́нна (сиде́ть) в ко́мнате и* (чита́ть) журна́л.　*そして(接続詞) = and
5) Вчера́ у́тром мой оте́ц (быть) на по́чте.

2. 必要があれば（　）内の形容詞や代名詞を正しい形に直しなさい。また，全文を和訳しなさい。

1) —Како́й э́то каранда́ш*?　—Э́то (кра́сный) каранда́ш.　*鉛筆
2) —Кака́я у него́ маши́на*?　—У него́ (но́вый) маши́на.　*車
3) —Вы говори́ли об (э́тот) студе́нте?　—Да, я говори́л о (он).
4) —О чём (э́тот) кни́га?　—О (наш) стране́.
5) —Кто там?　—Там (наш) (но́вый) студе́нты.

3. ｛　｝内の語を用いて以下の質問に答えなさい。ただし，名詞は代名詞で受けて答えること。

1) Когда́ бу́дет ве́чер?　｛сего́дня ве́чером｝
2) Где вы обы́чно* занима́етесь?　｛библиоте́ка｝　*ふだんは, たいてい
3) Где бы́ли А́нна и О́льга?　｛магази́н｝
4) Как его́ зову́т?　｛Са́ша｝
5) О ком расска́зывал Ю́ра?　｛свой брат｝

4. возвраща́ться（第Ⅰ式変化）（帰る，戻る）の現在人称変化と過去変化を書きなさい。

第 7 課
『罪と罰』を読んだ？

基本テクスト

— Скажи́те, пожа́луйста, кто ваш
　スカジゥイーチェ　　パジャールスタ　　クトー　ヴァーシ

люби́мый ру́сский писа́тель?
リュビームゥイ　　ルウースキィ　　ピサーチィリィ

お尋ねしますが，あなたの好きなロシアの作家は誰ですか。

— Мой люби́мый ру́сский писа́тель
　モーイ　リュビームゥイ　　ルウースキィ　　ピサーチィリィ

— Достое́вский. 姓（形容詞型）
　ダスタィエーフスキィ

私の好きなロシアの作家はドストエーフスキイです。

— Како́е произведе́ние вы лю́бите?
　カコーヤ　　プライズヴィヂィエーニィャ　　ヴゥイ　　リューピチェ

対格

どんな作品が好きですか。

— Мне нра́вится ≪Преступле́ние
　ムニィエー　ヌラーヴィッツァ　　プリィストゥプリィエーニィャ

и наказа́ние≫.
イ　ナカザーニィャ

『罪と罰』が気に入っています。

人称代名詞（✕所有代名詞）

— А вы чита́ли его́ в по́длиннике?
　ア　ヴゥイ　チィターリィ　イヴォー　フ　ポードゥリンニィキェ

対格　　　　　　　　前置格

で，それを原語で読まれたのですか。

— Нет, в япо́нском перево́де.
　ニィエートゥ　ヴィポーンスカム　ピィリィヴォーヂェ

いいえ，日本語訳です。

【単語ノート】сказа́ть 言う・話す, пожа́луйста どうぞ, люби́мый 好みの・好きな, писа́тель（男）作家, произведе́ние（中）作品, нра́виться 気に入る・好きだ, преступле́ние（中）罪, наказа́ние（中）罰, по́длинник（男）原書・原語, перево́д（男）翻訳

● ポイント

　名詞，代名詞，形容詞の対格（基本的な意味は「〜を」）を学びます。対格は他動詞の直接目的語になったり，対格を支配する前置詞の「目的語」になったりします。その意味では英語の目的格に似ていると言えるでしょう。
　対格に関して注意すべきは，**活動体**（人や動物）と**不活動体**（モノやことがら）の形が異なるということです。活動体の男性・単数形および複数形（男性・女性とも）の場合には，対格は生格と等しくなります。それに対して，不活動体名詞の場合には，女性・単数形の一部を除いて，対格はつねに主格と等しくなります。従って，<u>中性名詞の場合，つねに対格＝主格となります。</u>
　そのほか，とても重要な「運動の動詞」идти́ についても学んでいきます。

中性には（若干の例外を除いて）活動体名詞がないので

§1　名詞の対格

すでに学んだ次の例を見てください。

　Я чита́ю <u>журна́л</u>.　　　Я изуча́ю <u>ру́сский язы́к</u>.

　下線部の名詞あるいは形容詞＋名詞は，それぞれ他動詞 чита́ть, изуча́ть で表される動作の直接の対象，つまり直接目的語になっています。журна́л の意味は，「雑誌は」ではなくて「雑誌<u>を</u>」であり，主格とは明らかに異なる機能を果たしています。このような格を対格と呼びます。

不活動体の対格
次の文例「彼はおもしろい〜を読んでいます」を，じっくり比較検討してみましょう。不活動体名詞の対格の特徴がよく現れています。

　　Он чита́ет ┬─ интере́сный　журна́л.
　　　　　　　├─ интере́сную　　кни́гу.
　　　　　　　├─ интере́сное　　письмо́.
　　　　　　　└─ интере́сные　　журна́лы/кни́ги/пи́сьма.

> 不活動体名詞の場合→**対格＝主格**（ただし，女性・単数の一部を除く）

女性名詞・単数の対格

例の名詞分類表の④⑤⑥に該当する女性名詞の対格は，

④ кни́га → кни́г**у**　⑤ неде́ля → неде́л**ю**　⑥ пло́щадь → пло́щадь

というように，-а→-у, -я→-ю, -ь→-ь となります。

つまり，不活動体名詞の場合，対格が独自の形をとるのは，-а, -я で終わる女性名詞のみです。

活動体の対格

活動体名詞では，男性・単数および男性／女性・複数において，対格は生格と等しくなります。生格についてはいずれ学ぶことにして，ここでは男性・単数の場合を具体的に見ておきましょう。

— Кого́ вы ви́дели?　　　　あなたは誰に会いましたか。

— Я ви́дел студе́нта.　　　　私は学生に会いました。

Я хорошо́ зна́ю его́ бра́та.　　私は彼の兄をよく知っています。

Они́ слу́шают преподава́теля.　彼らは先生(の話)を聞いています。

(КТОの対格)

男性・単数（活動体）の対格は，①　＋а　②　-й→-я　③　-ь→-я となります。

студе́нт → студе́нт**а**，　геро́й 英雄 → геро́**я**，　учи́тель → учи́тел**я**

なお，女性・単数の対格は活動体，不活動体の区別に関係なく，対格独自の形をとります。

Он чита́л кни́гу.　　Он ви́дел студе́нтку.

§2 人称代名詞の対格

人称代名詞の対格はすべて生格と等しくなります。

主 格	対 格	主 格	対 格
я	меня́	мы	нас
ты	тебя́	вы	вас
он/оно́	его́	они́	их
она́	её		

ついでに，Как вас зову́т? という文を分析しておきましょう。この文には主語が明示されていませんが，動詞 зову́т の変化語尾から，これが3人称複数現在形だとわかります。つまり形の上では，они́ が省略されていることになります。つまり，「(彼らは)いかにあなたを呼んでいるか？」ということです。もちろん，「彼ら」は特定の人々を指すわけではなく，世間一般の人々です。これは不定人称文といわれる重要な構文ですが，詳しくは第15課で説明します。

§3 形容詞の対格

形容詞は関係する名詞に性・数・格を一致させます。従って，男性／中性および複数の不活動体名詞の対格につく形容詞は，名詞同様，主格と同じ形の対格になります。女性・単数・対格に関係する場合は語尾が -ую（硬変化）または -юю（軟変化）となります。

	男　性	女　性	中　性	複数(3性共通)
主格	но́вый журна́л	но́вая кни́га	но́вое сло́во	но́вые часы́
対格	но́вый журна́л	но́вую кни́гу	но́вое сло́во	но́вые часы́

一方，活動体の男性・単数に関係する場合は次のようになります。

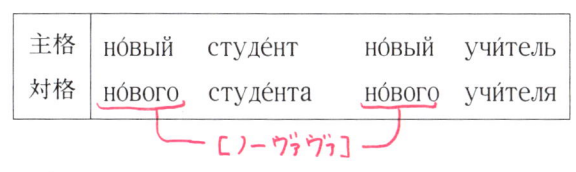

主格	но́вый студе́нт	но́вый учи́тель
対格	но́вого студе́нта	но́вого учи́теля

[ノーヴァヴァ]

所有代名詞と指示代名詞の対格

これらの変化は基本的には形容詞型です。

● 不活動体につくとき

主格	мой(наш) журна́л	моя́(на́ша) кни́га	моё(на́ше) письмо́
対格	мой(наш) журна́л	мою́(на́шу) кни́гу	моё(на́ше) письмо́

主格	э́тот(тот) журна́л	э́та(та) кни́га	э́то(то) письмо́
対格	э́тот(тот) журна́л	э́ту(ту) кни́гу	э́то(то) письмо́

● 活動体（男性・単数）につくとき

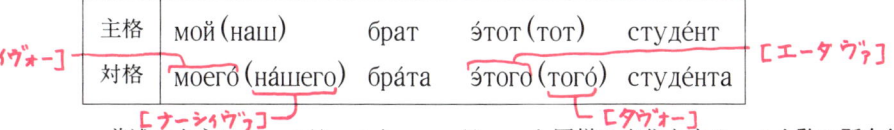

主格	мой(наш) брат	э́тот(тот) студе́нт
対格	моего́(на́шего) бра́та	э́того(того́) студе́нта

[イヴォー] [ナーシィヴァ] [タヴォー] [エータヴァ]

前述のように，твой は мой と，ваш は наш と同様の変化をする。3人称の所有代名詞 его́, её, их はいかなる場合にも変化しない。

§4　идти́ の用法

動詞 идти́ の基本的意味は「（歩いて）行く・来る」です。この動詞は一定の方向へ向かって，行く・来るという動作（あるいは行為）が進行中であることを表します。ロシア語動詞の中には，行く・来る，走る，泳ぐ，飛ぶ，持ち運ぶなどの基本的な動作を表す特別に重要な動詞群があって，「運動の動詞」あるいは「移動の動詞」と呼ばれています（本書では「運動の動詞」と呼ぶことにします）。

ここでは，идти́ の変化と用法にひとまず慣れてください。

идти の現在変化

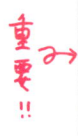

я	иду́	мы	идём
ты	идёшь	вы	идёте
он/она́/оно́	идёт	они́	иду́т

идти́ の過去形

男性	шёл
女性	шла
中性	шло
複数	шли

重要‼

— Куда́ иду́т де́ти?¹⁾　　子供たちはどこへ行くところですか。
　クゥダー　イドゥートゥ　ディエーチ

— Они́ иду́т в шко́лу.²⁾　　彼らは学校へ行くところです。
　アニー　イドゥートゥ　フシコールウ

1) куда́ は方向を尋ねる疑問詞で、「どこへ」という意味。それに対して、где（「どこで、どこに」）は場所・位置を尋ねる疑問詞。
2) 前置詞 в/на＋対格は、「〜へ」という意味。

比較してみましょう。

　　　— Где ваш оте́ц?　　— Куда́ идёт ваш оте́ц?
　　　— Он на рабо́те.　　— Он идёт на рабо́ту.
　　　— Где Еле́на?　　　— Куда́ идёт Еле́на?
　　　— Она́ до́ма.　　　— Она́ идёт домо́й*.　　*家へ

どこで？	в/на＋前置格	どこへ？	в/на＋対格
где?	в университе́те	куда́?	в университе́т
	в шко́ле		в шко́лу
	на по́чте		на по́чту
	в Япо́нии		в Япо́нию
	на вы́ставке		на вы́ставку
	в кино́		в кино́
	--------		--------
	до́ма		домо́й
	здесь		сюда́
	там		туда́

位置　　　　　　　　　　　　　運動の方向

идти のその他の語用法

— Что сейчас идёт в этом кинотеатре?
　　その映画館ではいま何が上映されていますか。
— Там идёт японский фильм.　そこでは日本映画が上映中です。

Идёт дождь.　　　雨が降っている。　[ドージジ]
Шёл снег.　　　　雪が降っていた。
Идёт урок.　　　授業中です(授業が進行中だ)。

語順は逆も可

§5　любить と нравиться の用法

「ぼくは音楽が好きだ」と言いたければ，любить と нравиться のいずれを用いても表現できますが，文の構造はかなり違ってきます。

Я люблю музыку.　　→ 主語は Я。музыку は対格で，動詞の直接目的語。

Мне нравится музыка.　→ 主語は музыка。Мне は Я の与格。つまり，この文では愛する対象が主語になる。⇨第8課§5

Я люблю её. (= Она мне нравится.)　　私は彼女が好きです。
Я люблю спорт. (= Мне нравится спорт.)
私はスポーツが好きです。
Я люблю читать. (= Мне нравится читать.)
私は読書が好きです。

§6　呼びかけのことば

相手に何かを尋ねるときの，呼びかけのことばにはいろいろありますが，最もよく使われるのが，Скажите, пожалуйста という表現です。

сказать の命令形 (⇨第12課§3)

— Скажи́те, пожа́луйста, где здесь по́чта?
お尋ねしますが，どこかこの近くに郵便局はありますか。

— По́чта?　Вот на э́той у́лице.
郵便局ですか？　ほら，この通りにありますよ。

— Скажи́те, пожа́луйста, куда́ идёт э́тот авто́бус?
ちょっとおうかがいします。このバスはどこへ行くのですか。

— В центр.
中央に行きます。

第8課

ここは禁煙です

基本テクスト

— Николай Иванович, можно курить на занятиях?

— Нет, Джон, на занятиях курить нельзя.

— А во время перерыва?

— Во время перерыва курить можно. Но только не в аудитории.

— Ты очень много куришь, Джон, не нужно так много курить. Это вредно.

ニコライ・イヴァーノヴィチ, 授業でタバコを吸ってもいいですか。

いや, ジョン, 授業では禁煙です。

では, 休み時間にはどうですか。

休み時間には吸っても構いません。ただし, 講義室以外の所に限ります。

ジョン, あんたは吸い過ぎだわ。そんなにたくさん吸ってはいけないわ。体に毒よ。

【単語ノート】Никола́й（男）ニコラーイ（男の名），мо́жно …できる・してよい，заня́тия（複）授業，Джон（男）ジョン（男の名），нельзя́ …できない・してはならない，переры́в（男）休憩（時間），то́лько …だけ・のみ，аудито́рия（女）講義室，о́чень とても・非常に，ну́жно …する必要がある・すべきだ，вре́дно 有害な

● ポイント

英語では助動詞 can, may, must, should などが担う役割を，ロシア語では мо́жно, ну́жно, на́до, нельзя́ などの「無人称述語」と呼ばれる特定のグループの単語が担います。そして，これら「無人称述語」が用いられた主語のない独特の構文を「無人称文」といいます。

形容詞には定語的用法（または限定的用法）と述語的用法（または叙述的用法）とがあります。また，形容詞の形態にも2通りあって，一つは長語尾形，もう一つは短語尾形と呼ばれ，それぞれに用法が異なります。

§1 無人称文

許可・禁止，可能・不可能，必要・不必要などを表すには，それらの意味を担う「無人称述語」のあとに続けて動詞の不定形をもってきます。

— Здесь мо́жно кури́ть?　　ここでタバコを吸ってもいいですか。
　 ズヂィエースィ　モージナ　クウリーチィ

— Да, мо́жно. / Нет, нельзя́.　はい，いいです。/いいえ，いけません。
　 ダー　モージナ　ニィエートゥ　ニィリィズィヤー

На уро́ке ну́жно (на́до) говори́ть по-ру́сски.
ナ　ウローキェ　ヌージナ　ナーダ　ガヴァリーチィ　パルウースキ
授業ではロシア語を話さなければならない。

Не ну́жно (на́до) де́лать э́то сейча́с.　今それをする必要はありません。
ニィ　ヌージナ　ナーダ　ヂィエーラチィ　エータ　スィチャース　　発音に注意。[シシャース]と発音されることも

не ну́жно, не на́до は，「～してはいけない」という禁止の意味にも，また「～しなくてもよい」という不必要の意味にもなります。

нельзя́ は禁止の意味にも，不可能の意味にもなります。いずれの意味になるかは文脈によって判断します。

Здесь нельзя́ кури́ть.　　　ここは禁煙です。(禁止)

Нельзя́ жить без воды́. 　　水なしでは生きられない。(不可能)
  ↑ вода́の生格

Не ну́жно так мно́го рабо́тать.　そんなにたくさん働いては
Не на́до так мно́го рабо́тать.　いけない(働く必要はない)。

許可・禁止・必要などの意味を強調したいときは，無人称述語と動詞不定形の語順を入れ換えればいいのです。

　　Здесь кури́ть нельзя́.　　　Кури́ть мо́жно.

§2　形容詞の長語尾形と短語尾形

　形容詞にはこれまでに出てきた，関係する名詞の性・数・格に従って変化する長語尾形のほかに，短語尾形（格変化なし）と呼ばれる形があります。短語尾形の作り方は以下の通りです。

	男性 －	女性＋a	中性＋o	複数＋ы
краси́вый	краси́в	краси́ва	краси́во	краси́вы
но́вый	нов	нова́	но́во	но́вы
за́нятый	за́нят	занята́	за́нято	за́няты

→ アクセントが移動する場合もある

　長語尾形から語尾を取れば男性短語尾形が出来上がり，それに -a, -o, -ы を加えれば，女性，中性，複数の短語尾形になります。

出没母音 o と e

　次の例のように，語幹が連続する子音で終わっている場合には，ふつう，男性短語尾形に限り，語末の子音の前に o, e のいずれかの母音が挿入されます。この母音を出没母音と呼んでいます。なお，この現象は名詞の格変化などにおいても頻繁に起こるので，注意が必要です。

интере́сный	：интере́с**е**н	интере́сна	интере́сно	интере́сны
свобо́дный	：свобо́д**е**н	свобо́дна	свобо́дно	свобо́дны
коро́ткий	：коро́т**о**к	коротка́	коротко́	коротки́
больно́й	：бо́л**е**н	больна́	больно́	больны́

ьは必ずеに変わる　　　不正書法の規則
(⇨第4課§5)

§3　定語的用法と述語的用法

長語尾形には定語的用法も述語的用法もあります。

　Э́то интере́сная статья́.（定語的）　これはおもしろい論文です。

　Э́та статья́ интере́сная.（述語的）　この論文はおもしろい。

短語尾形には述語的用法しかありません。

　Сего́дня он за́нят／она́ занята́.　　今日彼は／彼女は忙しい。

　За́втра он бу́дет свобо́ден.　　　明日彼は暇だろう。

長語尾か短語尾か？

述語的用法には長語尾，短語尾の両方が使われますが，いずれを用いるかで，ニュアンスに差が出ます。

　原則として，長語尾は恒常的・絶対的な性質を表し，短語尾は一時的・相対的な性質を表します。

　形容詞の中には，短語尾形しかないものもあります。従って，この種の形容詞はつねに述語として用いられます。

　　（例）рад, ра́да,（ра́до）, ра́ды；до́лжен, должна́, должно́, должны́

Он бо́лен.／Она́ больна́.　　彼は／彼女は病気です。

　●病気というのは一般に一時的な状態なので，長語尾形を述語として用いることはまれ。

Я свобо́ден.／Я за́нят.　　ぼくは暇だ／忙しい。

　●ここでも上例と同じ説明が成り立つ。

Э́тот парк осо́бенно краси́в зимо́й.　　この公園は冬が特に美しい。

　●他の季節と比較して，相対的に冬が，ということなので短語尾形を用いる。

О́чень рад вас ви́деть.　　お会いできてとても嬉しいです。

Выの対格

●初対面のときの決まり文句。女性の場合はもちろん，ráда となる。

Он　до́лжен ─┐
Она́　должна́ ─┼─ купи́ть пода́рки.　　　彼は/彼女は/彼らはプレゼントを買わなければならない。
Они́　должны́ ─┘

↳ 単数形：ПОДА́РОК（Оが脱落する）

●これはれっきとした人称文なので，述語の形容詞は主語の性・数によって形を変える。無人称文と混同しないこと。

§4　形容詞の短語尾中性形

短語尾中性形は無人称文の述語としてよく用いられます。すなわち，мо́жно, нельзя́ などと同じように，「無人称述語」になります。

Жа́рко.	＜жа́ркий　暑い。	Тепло́.	＜тёплый　暖かい。
Хо́лодно.	＜холо́дный　寒い。	Прохла́дно.	＜прохла́дный　涼しい。

Здесь тепло́.　　　　　　　　　　　ここは暖かだ。
Сего́дня хо́лодно.　　　　　　　　　今日は寒い。
Вчера́ бы́ло хо́лодно.　　　　　　　昨日は寒かった。
За́втра бу́дет хо́лодно.　　　　　　明日は寒いだろう。
Ску́чно. ＜ску́чный　　　　　　　　退屈だ。
Мне ску́чно.　［スクゥーシナ］　　　私は退屈だ。
Мне бы́ло ску́чно.　　　　　　　　　私は退屈だった。
└ 中性・単数形
Мне бу́дет ску́чно.　　　　　　　　　私は退屈だろう。
└ 3人称単数形
Интере́сно изуча́ть исто́рию.　　　歴史を学ぶのは興味深い。
Тру́дно изуча́ть ру́сскую грамма́тику.
　　　　　　　　　　　　　　　　　　ロシア語文法を学ぶのは難しい。
В ко́мнате бы́ло темно́. ＜тёмный　部屋(の中)は暗かった。
Мне прия́тно. ＜прия́тный　　　　　私は愉快だ。

┌─ 初対面のときの決まり文句（男女とも使える）
Очень прия́тно с ва́ми познако́миться.
初めまして（お知り合いになれてとても愉快です）。

> 無人称文では，意味上の主語は与格になる。

Мне прия́тно. Вам не хо́лодно?　　　あなたは寒くありませんか。

無人称文の動詞	⇒	現在・未来時制 →	3人称単数形
		過去時制 →	中性・単数形

§5　人称代名詞の与格

主格	与格	主格	与格
я	мне	мы	нам
ты	тебе́	вы	вам
он/оно́	ему́	они́	им
она́	ей		

§6　年齢の尋ね方

— Ско́лько вам лет?　　　あなたは何歳ですか。
　　スコーリィカ　ヴァーム　リィエートゥ

— Мне два́дцать лет.　　　私は20歳です。
　　ムニィエー ドゥヴァーッツァチィ リィエートゥ

— Ско́лько ему́ лет?　　　彼は何歳ですか。
— Ему́ два́дцать оди́н год.　　─ 単数・主格　　彼は21歳です。
　 Ему́ два́дцать два/три/четы́ре го́да.　彼は22/23/24歳です。── 単数・生格
　 Ему́ два́дцать пять лет.　── 複数・生格　　彼は25歳です。

第10課§1を参照

> ～は何歳ですか　　Ско́лько ～（与格）лет?

練習問題 4

1. （　）内の語句を必要に応じて適当な形に直しなさい。

1) — Что вы изучáете? — Мы изучáем（рýсская литератýра*）.   *文学

2) —（Кто）он слýшает? — Он слýшает（учи́тель）.

3) — Кудá онá идёт? — Онá идёт в（кни́жный магази́н*）.   *本屋

4) — Вы не ви́дели（моя́ сестрá）? — Нет, я не ви́дел（онá）.

5) — Как（он）зовýт? —（Он）зовýт Ви́ктор.

2. ｛　｝内の語句を用いて以下の問いに答えなさい。

1) Какýю мýзыку вы лю́бите? ｛класси́ческая*мýзыка｝   *古典の

2) Что он дéлал вчерá? ｛смотрéть телеви́зор｝

3) Кудá идýт те студéнты? ｛библиотéка｝

4) Где онá былá сегóдня ýтром? ｛э́та плóщадь｝

5) Кто был на собрáнии? ｛А́нна и Елéна｝

3. 次の文を読んで，和訳しなさい。

1) Сейчáс Ю́ра пи́шет письмó домóй. Он дýмает о своéй рóдине.

2) Вчерá моя́ сестрá не былá в шкóле, потомý что у неё был грипп.*   *インフルエンザ

3) — Когó спрáшивают студéнтки?

　 — Они́ спрáшивают молодóго профéссора.

4) — Какóй фильм смотрéли вáши роди́тели?

　 — Они́ смотрéли нóвый америкáнский фильм.

5) Вчерá былá плохáя погóда.　Весь* день шёл дождь.   *全体の，すべての

第9課 ターニャの誕生日

基本テクスト

— Андре́й, до́брый ве́чер! Я давно́ не ви́дел тебя́. Хоте́л вчера́ пригласи́ть тебя́ в кино́, но тебя́ не́ было до́ма.

— Я был в гостя́х у подру́ги.

— Я её зна́ю?

— Да, коне́чно. Э́то Та́ня. Вчера́ был день рожде́ния Та́ни.

— А кто ещё там был?

— Её роди́тели и брат Оле́г, подру́ги Та́ни, друзья́ Оле́га.

アンドレーイ，こんばんは。ずいぶんきみを見なかったね（久しぶりだね）。昨日きみを映画に誘いたかったんだけれど，きみは家にいなかったね。

ガールフレンドのところへ客に行っていたんだ。

ぼくの知っている人かい。

うん，もちろんだよ。ターニャさ。昨日はターニャの誕生日だったんだ。

で，そこには他に誰が来てたの。

彼女の両親とお兄さんのオレーグ，ターニャの女友だち，それにオレーグの友人たちだよ。

【単語ノート】Андре́й（男）アンドレーイ（男の名），до́брый 良い・善良な，давно́ ずっと・昔から，хоте́ть 欲する…したい，пригласи́ть 招待する，гость（男）客，подру́га（女）女友だち，коне́чно［カニィエーシナ］もちろん，Та́ня（女）ターニャ（女の名），рожде́ние（中）誕生，Оле́г（男）オレーグ（男の名）

● ポイント

名詞その他の生格の形と用法を学びます。生格は「～の」という意味からも分かるように，所有や所属の関係を表すのが最も基本的な役割です。また，存在が打ち消される（否定される）場合にも生格が使われ，否定生格と呼ばれる特有の語法を作りだしています。

§1 名詞の生格

単数・生格

男　性	女　性	中　性
① -　→ +а	④ -а → -ы	⑦ -о → -а
② -й → -я	⑤ -я* → -и	⑧ -е(ё) → -я
③ -ь → -я	⑥ -ь → -и	* -мя → -мени：вре́мени，и́мени

みごとに硬母音と軟母音が対応しています。これなら覚えるのも楽ですね。では，これに勇気を得て，ついでに複数形の生格も覚えてしまいましょう。

複数・生格

男　性	女　性	中　性
① -　→ -ов	④ -а → -	⑦ -о → -
② -й → -ев	⑤ -я → -ь	⑧ -е(ё) → -ей
③ -ь → -ей	⑥ -ь → -ей	

　まずは上の表を頭にたたき込んでください。何といってもこれが基本になります。単数生格についてはほとんど問題がありませんが，複数生格は上の表からはずれる場合も少なくありません。最小限必要な補足説明をしておきます。

1) ц で終わる男性名詞は，語尾に力点があれば -ов，なければ -ев となる。
   → отцо́в,　ме́сяцев
2) ж, ч, ш, щ で終わる男性名詞は -ей となる。→ ноже́й(нож), враче́й(врач)
3) -ия で終わる女性名詞，-ие で終わる中性名詞はともに -ий となる。
   → зда́ний,　ста́ций
4) 出没母音にはくれぐれも注意。студе́нтка-студе́нток, де́вушка-де́вушек, сестра́-сестёр, де́ньги-де́нег, окно́-о́кон

§2　形容詞の生格

　形容詞の変化は所有代名詞や指示代名詞の変化の元型になるので，心して覚えましょう。

男性・中性単数

主格	како́й како́е	но́вый но́вое	си́ний си́нее	большо́й большо́е	хоро́ший хоро́шее
生格	како́го	но́вого	си́него	большо́го	хоро́шего

発音に注意：г→в

男性・中性の単数生格の基本形は -ого です。軟変化や混合変化のときは，-о が対応の軟母音 -е に変わり，-его になります。

女性単数

主格	кака́я	но́вая	си́няя	больша́я	хоро́шая
生格	како́й	но́вой	си́ней	большо́й	хоро́шей

女性の単数生格の基本形は -ой です。軟変化や混合変化のときは，上と同様，-о が -е に変わり，-ей になります。

複数（3性共通）

主格	каки́е	но́вые	си́ние	больши́е	хоро́шие
生格	каки́х	но́вых	си́них	больши́х	хоро́ших

→ もちろん正書法の規則が優先される

複数生格の基本形は -ых です。-их になるのは単数の場合と同様です。

§3　所有代名詞と指示代名詞の生格

男性・中性単数

主格	чей / чьё	мой / моё	наш / на́ше	э́тот / э́то	тот / то
生格	чьего́	моего́	на́шего	э́того	того́

→ г→в と発音！

語尾に注目してください。形容詞と全く同じです。所有代名詞は軟変化型，指示代名詞は硬変化型になります。

твой, свой は мой と，ваш は наш と同じ変化をします。

女性単数

主格	чья	моя́	на́ша	э́та	та
生格	чьей	мое́й	на́шей	э́той	той

複数（3性共通）

主格	чьи	мои́	на́ши	э́ти	те
生格	чьих	мои́х	на́ших	э́тих	тех

§4 人称代名詞の生格

「〜は…を持っている」という所有を表す構文で，すでにお馴染みのものです(第4課§3参照)。

「彼は／彼女は／彼らは…を持っている」という場合に，それぞれ у него́, у неё, у них となり，н- が前綴されていました。ひじょうに重要な規則なので，しっかり確認しておきましょう。

主格	生格	主格	生格
я	меня́	мы	нас
ты	тебя́	вы	вас
он/оно́	его́	они́	их
она́	её		

> 3人称の人称代名詞は，前置詞のあとに続くとき，必ず н- を語頭に付け加える！

忘れないように!!

比較してみましょう。

У него́[1] есть маши́на.　　彼は車を持っています。
У его́[2] бра́та есть маши́на.　彼の弟は車を持っています。
У них[1] есть де́ти.　　彼らには子供がいます。
У их[2] сестры́ есть де́ти.　彼らの姉には子供がいます。

Вчера́ я был у неё.[1]	昨日私は彼女のところへ行きました。
Вчера́ я был у её[2] бра́та.	昨日私は彼女の兄のところへ行きました。
Он ду́мает о ней.[3]	彼は彼女のことを考えている。
Он ду́мает о её[2] сестре́.	彼は彼女の妹のことを考えている。

1) 人称代名詞の生格。 2) 所有代名詞。 3) 人称代名詞の前置格。

§5 生格の用法

→ 名と父称は名詞と同じ変化をする

— Чей э́то слова́рь?	これは誰の辞書ですか。
— Э́то слова́рь Та́ни.	これはターニャの辞書です。
Э́то слова́рь А́нны.	これはアーンナの辞書です。
Э́то слова́рь Анто́на.	これはアントーンの辞書です。
Э́то слова́рь Серге́я.	これはセルゲーイの辞書です。
Москва́ — столи́ца Росси́и.	モスクワはロシアの首都です。
Э́то у́лица Го́рького.	これはゴーリキイ通りです。
Ни́на — жена́ Андре́я.	ニーナはアンドレーイの妻です。
Здесь бу́дет ста́нция метро́.	ここに地下鉄の駅ができるでしょう。
письмо́ дру́га　　不変化	友人の手紙
письмо́ моего́ дру́га	私の友人の手紙
письмо́ моего́ ста́рого* дру́га	私の旧友の手紙*　＜ста́рый 古い，昔からの
слова́рь ру́сского языка́	ロシア語の辞書
исто́рия япо́нской литерату́ры	日本文学史
фотогра́фии тех студе́нтов	あの学生たちの写真

→ [ゴーリィカヴァ]；形容詞型の名詞の変化は形容詞に準ずる

§6 否定生格

存在や所有を打ち消す場合には，存在しない人やモノ，所有しないモ

ノが生格で表されます。この生格の用法を否定生格と呼んでいます。

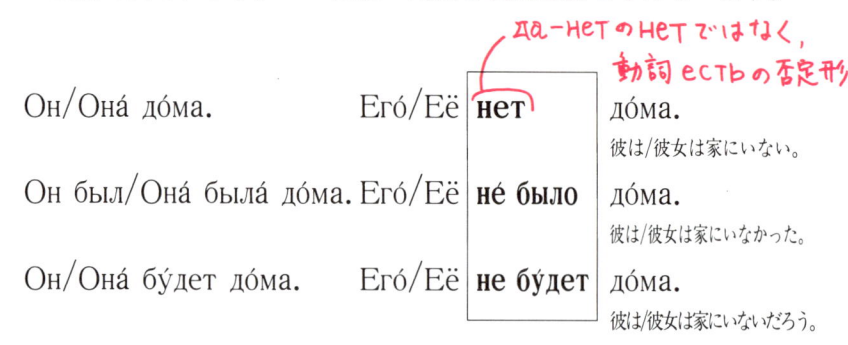

да-нет の нет ではなく，
動詞 есть の否定形

Он/Она́ до́ма.　　　　　Его́/Её │нет│ до́ма.
彼は/彼女は家にいない。

Он был/Она́ была́ до́ма. Его́/Её │не́ было│ до́ма.
彼は/彼女は家にいなかった。

Он/Она́ бу́дет до́ма.　　Его́/Её │не бу́дет│ до́ма.
彼は/彼女は家にいないだろう。

枠で囲まれた動詞の形に注意しましょう。現在形では нет，過去形では не́ было，未来形では не бу́дет となります。なぜ，そうなるのかと言えば，これらの文には主語がないからです（ロシア語では文法上の主語に立てるのは，主格に限られます）。これもまた無人称文の一つです。

　　　　　　нет
В го́роде　не́ было　конце́ртного за́ла.
　　　　　　не бу́дет
　　　　　　　　　　　　ない。
町にはコンサートホールがなかった。
　　　　　　　　　　　　ないだろう。

　　　　　　нет
У меня́　не́ было　той кни́ги.
　　　　　　не бу́дет
　　　　　　　持っていない(所有していない)。
私はあの本を持っていなかった(所有していなかった)。
　　　　　　　持っていないだろう(所有しないだろう)。

第 10 課

1時にデート

> **基本テクスト**

— Вы лю́бите смотре́ть фильм?
　ヴゥイ　リュービチェ　スマトゥリィエーチィ　フィーリィム

あなたは映画を見るのが好きですか。

— Да, о́чень.
　ダー　オーチィニィ

はい, 大好きです。

— Тогда́ приглаша́ю вас в кино́
　タグダー　プリグラシャーユ　ヴァース　フキノー

сего́дня днём. В кинотеа́тре
スィヴォードゥニャ ドゥニョーム　フキナチィアートゥリィ

≪Росси́я≫ сейча́с идёт → 第7課§4
ラスィーヤ　スィチャース　イヂョートゥ

интере́сный францу́зский фильм.
インチィリィエースヌゥィ　フランツウースキィ　フィーリィム

では, 今日の午後, 映画にご招待しましょう。いま, 映画館「ロシア」でおもしろいフランス映画が上映中です。

この場合変化するつは前の普通名詞だけで一固有名詞（カギ）は変化しない

— Когда́ он начина́ется?
　カグダー　オーン　ナチナーィッツァ

それはいつ始まるのですか。

— В два часа́.　単数・生格
　ヴドゥヴァー　チィサー

2時に始まります。

— А ско́лько вре́мени идёт фильм?
　ア　スコーリィカ　ヴリィエーミニ　イヂョートゥ フィーリィム
　　　　　　　　　単数・生格
　　　　　　　　　(→第13課§3)

で, 上映時間はどれくらいですか。

— Два часа́.　単数・生格
　ドゥヴァー　チィサー

2時間です。

81

> — Э́то хорошо́! А то в пять часо́в 〔複数・生格〕　それはよかった。5時にサッカーの試合が始まるものですから。
> エータ　ハラショー　ア　ト　フピィヤーチィ　チィソーフ
> начина́ется футбо́льный матч.
> ナチナーイッツァ　　フゥドゥボーリィヌゥイ　　マーチ

【単語ノート】тогда́ それでは・それなら，приглаша́ть 招待する，днём 昼に・午後に，францу́зский フランス(語)の，начина́ться 始まる，час(男) 時間・…時，а то …なので；さもないと，футбо́льный サッカーの，матч(男) 試合

● ポイント

　時間の表現が中心になります。当然，数字（数詞）がでてきますが，ロシア語では数詞と名詞が結びつくときに特有の規則があり，モノを数えるときまで，格変化がつきまといます。しかしこれも考えようです。外国人が日本語の数え方を覚えるときの苦労に比べれば，はるかに簡単明瞭です。
　「運動の動詞」についても，さらに詳しく説明します。

§1　個数詞＋名詞

　数詞には個数詞（英語の one, two, three…）と順序数詞（first, second, third…）がありますが，ここでは個数詞と名詞が結びつくときの規則について学ぶことにしましょう（年齢の尋ね方；第8課§6参照）。

1 と結びつくとき

　　　名詞は単数・主格になります。（ただし，複数形しかない名詞は複数・主格になる）

оди́н журна́л	1冊の雑誌	одна́ кни́га	1冊の本
оди́н студе́нт	1人の学生	одна́ студе́нтка	1人の女学生
одно́ письмо́	1通の手紙	одни́ часы́	1つの時計
одно́ сло́во	1つの単語	одни́ очки́	1つの眼鏡

　1は男性，女性，中性，複数の4つの形があります。また，特に強調する必要がなければ，ふつう1は省略されます。

2，3，4と結びつくとき

名詞は<u>単数・生格</u>になります。

два журна́ла　　две кни́ги　　два письма́
три студе́нта　　три студе́нтки　　четы́ре сло́ва

2は男性，中性が два，女性が две となり，2つの形があります。3以上には1と2のような区別はありません。

では，2つの時計や3つの時計はどう数えるのでしょう。そういう場合には集合数詞と呼ばれる特殊な数詞を使います。よく使われる2，3，4を示しておきましょう。дво́е, тро́е, че́тверо となります。ただし，集合数詞の場合は2，3，4のときも，関係する名詞は複数生格になります。ですから，2つの時計は дво́е часо́в です。

5以上と結びつくとき

名詞は<u>複数・生格</u>になります。

5　пять журна́лов　　пять книг　　пять пи́сем
6　шесть журна́лов　шесть книг　шесть пи́сем
⋮
12　двена́дцать журна́лов/книг/пи́сем

21 24 ... 103 のような合成数詞のときは末尾の個数詞に合わせて，上の規則を適用すればよいのです。

21　два́дцать оди́н/одна́/одно́　журна́л/кни́га/сло́во　［ドゥヴァーツァチィ］
24　два́дцать четы́ре　журна́ла/кни́ги/сло́ва
25　два́дцать пять　журна́лов/книг/слов
100　сто　журна́лов/книг/слов
103　сто три　журна́ла/кни́ги/сло́ва

ここでは数詞をいっきに覚え込む必要などありません。巻末の数詞一覧表を参考にして，最初は10までを繰り返し唱えてみましょう。慣れてくれば10からカウントダウンすることをお勧めします。数詞を覚えるにはふだんから「使い込む」のが最良かつ唯一の方法です。

§2 時の表現（1）

時刻の言い表し方

「(今) 何時ですか」→ 2通りの尋ね方がある。

— Ско́лько (сейча́с) вре́мени?

— Кото́рый (тепе́рь) час?

「(今) ～時です」→ いずれの問いに対しても次の答え方でよい。

— (Сейча́с/Тепе́рь) (оди́н) час.　　1時です。

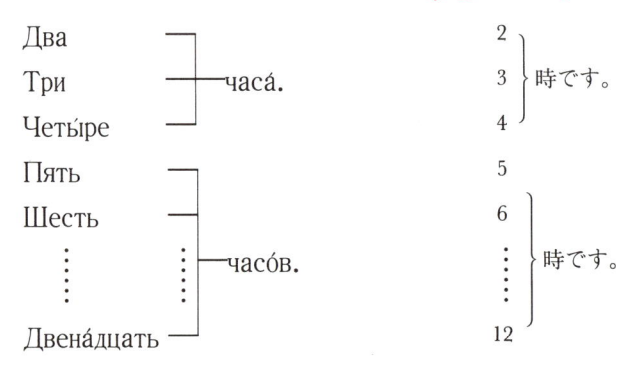

＜手書き注：1はふつう省略される＞

Два		2	
Три	—часа́.	3	｝時です。
Четы́ре		4	
Пять		5	
Шесть		6	
⋮	—часо́в.	⋮	｝時です。
Двена́дцать		12	

分は мину́та(女)です。2時40分は два часа́ со́рок мину́т, 5時3分は пять часо́в три мину́ты となります。

～時に　→　в＋対格　　＜手書き注：数詞が対格という意味（名詞は数詞に応じて変化する）＞

— Когда́ начина́ются заня́тия?　　授業は何時に始まりますか。

— (Заня́тия начина́ются) в де́вять часо́в.　9時に(始まります)。

— Когда́ вы встаёте?　　あなたはいつ起きますか。

— Я встаю́ в семь часо́в.　　私は7時に起きます。

— Когда́ ты обе́даешь?　　きみはいつ昼食を食べますか。

— В час.　　1時に食べます。

в во́семь часо́в утра́　朝の8時に　　в три часа́ дня　昼の3時に
в шесть часо́в ве́чера　夕方の6時に　в два часа́ но́чи　夜中の2時に

時間の経過（継続時間）

　〜時間働く，〜か月勉強する…というように，継続時間を表すには，時を示す語句をそのまま対格で用います。

　　— Ско́лько вре́мени идёт уро́к?　授業は何時間ですか(続きますか)
　　— Он идёт час.　　　　　　　　1時間です。
　　— Ско́лько часо́в вы обы́чно занима́етесь?
　　　あなたはふだん何時間勉強しますか。
　　— Я занима́юсь три часа́.　　　私は3時間勉強します。
　　— Как до́лго вы изуча́ете ру́сский язы́к?
　　　あなたはどれくらいロシア語を学んでいますか。
　　— Два го́да. / То́лько неде́лю.　2年間です。/わずか1週間です。

〜曜日に，〜月に

　曜日のときは в+**対格**, 月のときは в+**前置格**になります。

в понеде́льник	月曜日に	во¹⁾ вто́рник	火曜日に	в сре́ду	水曜日に
в четве́рг	木曜日に	в пя́тницу	金曜日に	в суббо́ту	土曜日に
в январе́²⁾	1月に	в феврале́²⁾	2月に	в ма́рте	3月に
в апре́ле²⁾	4月に	в ма́е	5月に	в ию́не²⁾	6月に
в ию́ле²⁾	7月に	в а́вгусте	8月に	в сентябре́²⁾	9月に
в октябре́²⁾	10月に	в ноябре́²⁾	11月に	в декабре́²⁾	12月に

1) 音便形に注意　2) 月の名前は -ь で終わるものが多いが，すべて男性名詞である。1月，2月と9月〜12月は語尾にアクセントが移る。

§3 定動詞と不定動詞

「運動の動詞」〈глаго́лы движе́ния〉と呼ばれる基本的な動詞には定動詞と不定動詞の区別があります。すでに見たように，идти́ は一定の方向に向かって進行中の動作を表しましたが，これを定動詞といいます。それに対して，方向の定まらない，あるいは多方向への動作を表す動詞を不定動詞といいます。

定動詞 идти́ と対をなす不定動詞は ходи́ть です。идти́-ходи́ть グループに属する「運動の動詞」の数は限られていて，その中でもよく使われるものは10組あまりです。さしあたり，次の8組を覚えれば十分ですが，それでも多いと感じる人は，とりあえず，идти́-ходи́ть, е́хать-е́здить の変化と用法に習熟してください。

定動詞	不定動詞	
идти́	ходи́ть	(歩いて) 行く
е́хать	е́здить	(乗物で) 行く
бежа́ть	бе́гать	走る
лете́ть	лета́ть	飛ぶ(鳥, 飛行機が；人が飛行機で)
плыть	пла́вать	泳ぐ，航行する
нести́	носи́ть	(持って) 運ぶ
везти́	вози́ть	(乗物で) 運ぶ
вести́	води́ть	導く，案内する，連れていく

定動詞と不定動詞の用法

— Куда́ ты идёшь?　きみはどこへ行くところですか。

— Я иду́ в шко́лу.　私は学校へ行くところです。

Он сейча́с идёт на свида́ние к Ната́ше.
彼はいまナターシャとのデートに行くところです。　与格(⇨第13課§1)

— Куда́ вы е́дете?　あなたはどちらへ行かれるのですか。

— Я е́ду в Москву́.　モスクワへまいります。(車中での対話)

Он хо́дит на рабо́ту ка́ждый день.
彼は毎日仕事に通っています。

Ка́ждое ле́то мы е́здим на юг.　毎夏私たちは南へ行きます。

Де́ти бе́гают в саду́. ← 前置格 (⇒第5課§4)
子供たちは庭で走り回っています。

Ребёнок уже́ хо́дит.　赤ん坊はもう歩ける。

Я уме́ю пла́вать.　私は泳げます。

重要!!

ходи́ть (歩いていく)	
хож-у́	хо́д-им
хо́д-ишь	хо́д-ите
хо́д-ит	хо́д-ят

е́хать (乗物で行く)	
е́д-у	е́д-ем
е́д-ешь	е́д-ете
е́д-ет	е́д-ут

е́здить (乗物で行く)	
е́зж-у	е́зд-им
е́зд-ишь	е́зд-ите
е́зд-ит	е́зд-ят

定動詞
1) ある時点における一定方向への進行中の動作
2) 反復や習慣的な動作であっても一方向性が強調される場合

不定動詞
1) 方向の定まらない，もしくは多方向への動作
2) 反復や習慣的な動作
3) 往復運動
4) 運動能力

быть の過去形と不定動詞の過去形の用法

— Где ты был ве́чером?　夕方どこへ行ってたの。
— Я ходи́л в теа́тр.　劇場へ行ってきたんだ。

Вчера́ он был в больни́це. ＝ Вчера́ он ходи́л в больни́цу.
Ле́том она́ была́ на ю́ге. ＝ Ле́том она́ е́здила на юг.

　左側では存在の動詞＋в/на＋前置格になっていますが、右側では運動の動詞＋в/на＋対格となって、方向性を示していることに十分注意しましょう。

§4　交通の手段

交通の手段を表すにはéхать/éздить на ＋ 前置格を用います。

е́хать/е́здить	на	авто́бусе	バス
		маши́не	車
		трамва́е	路面電車　で　行く
		мотоци́кле	バイク
		велосипе́де	自転車
		метро́	地下鉄

練習問題 5

1. （　）内の語句を適当な形に改め，かつ全文を和訳しなさい。
   1) У（мой брат）есть сын* и дочь.　　*息子
   2) — У（вы）есть врéмя? — Нет, у（я）нет（врéмя）.
   3) —（Чей）э́то кни́га? — Э́то кни́га（моя́ сестра́）.
   4) Вчера́ у́тром мы ви́дели（изве́стный худо́жник*）на ста́нции.　*画家
   5) — У（кто）есть маши́на? — У（его́ друг）есть маши́на.

2. 日本語を参考にして（　）に適語を入れなさい。
   1) У нас в（　　　）бу́дет собра́ние в суббо́ту.
      私たちの大学では土曜日に集会があります。
   2) Вы чита́ли（　　　）и́ли（　　　）?
      あなたはドストエーフスキイ(Достое́вский)かチェーホフ(Че́хов)を読んだことがありますか。
   3) Вы зна́ете, что в（　　　）уче́бный год начина́ется в（　　　）?　ロシアでは学年度が9月から始まるのを知っていますか。
   4) Её брат — учи́тель（　　　）.
      彼女の兄は数学(матема́тика)の教師です。
   5) В аудито́рии три（　　　）, пять（　　　）и два（　　　）.
      講義室には3人の男子学生，5人の女子学生，2人の教授がいます。

3. идти́-ходи́ть, е́хать-е́здить のいずれかを選択し，それを適当な形にして（　）に入れなさい。
   1) Сейча́с 8 часо́в утра́. Ко́ля（　　）в шко́лу. Ма́ша то́же（　　）в шко́лу. Ко́ля и Ма́ша（　　）в шко́лу.
   2) Она́ ча́сто хо́дит в библиоте́ку. А сейча́с она́（　　）туда́ на велосипе́де.
   3) Ка́ждую суббо́ту я（　　）в магази́н.
   4) — Где был ваш оте́ц ле́том? — Он（　　）в Сиби́рь.
   5) — Вы（　　）в Ки́ев? — Да, сейча́с я（　　）в Ки́ев.

第11課
二人三脚，体(たい)のペア

基本テクスト

— Хироси, привéт! Что э́то у тебя́?
 （くだけた挨拶）

やあ，ヒロシ。いったい何を持っているんだい。

— Пу́шкин и Чéхов, взял сейча́с в библиотéке.

プーシキンとチェーホフさ。いま図書館で借りてきたんだ。

— Хо́чешь прочита́ть их по-ру́сски?
 （ихはониの対格）（「読む」と訳してもよい）

ロシア語で読み通すつもりかい。

— Да. До́ма чита́л их по-япо́нски. А тепéрь хочу́ прочита́ть по-ру́сски.

そうだよ。国では日本語で読んだことがあるけど，今度はロシア語で読み通したいんだ。

— Тебé не тру́дно?
 （Тебé：与格；無人称文）

きみには難しくないかい。

90

— Коне́чно, тру́дно, но интере́сно.
Одна́жды мой друг сде́лал замеча́тельный докла́д о Пу́шкине. Когда́ я слу́шал его́ докла́д, я реши́л прочита́ть Пу́шкина на его́ языке́.

対格(=生格)；活動体なので

もちろん，難しいさ。でも興味があるんだ。ある時，ぼくの友人がプーシキンに関するすばらしい報告をしたんだ。彼の報告を聞いているとき，プーシキンをその(プーシキンの)言語で読んでみようと決意したんだ。

【単語ノート】приве́т(男) 挨拶(の言葉)・やあ，Пу́шкин(男) プーシキン(姓)，Че́хов(男) チェーホフ(姓)，взять(完) 取る・借りる，одна́жды かつて・ある時，сде́лать(完) する・作る，замеча́тельный すばらしい・立派な，докла́д(男) 報告，когда́ …する時，реши́ть(完) 決心する・解決する

● **ポイント**

　ロシア語の動詞の多くは完了体と不完了体のペアから成り立っています。ロシア語は，英語やドイツ語やフランス語と比べて時制が単純ですが，その単純さを「体のペア」が補っているのだ，と考えておいていいでしょう。動詞の体の用法については，専門的に学ぶとなると，一筋縄ではいかない厄介な問題が数多くありますが，ここでは体の用法の基礎固めをしっかりやりましょう。ロシア語を学ぶ者にとって，体の問題はいわば永遠のテーマです。気軽に挑戦してみてください。

§1　動詞の体（1）

完了体と不完了体

　ロシア語では，ある動作や行為や状態を動詞が表現するとき，その動作や行為を話し手（発話者）がどんなふうに見ているかによって，タイ

プの異なる 2 つの動詞が使い分けられます。例えば，日本語なら「読む」，英語なら"read"という 1 つの動詞で表現される動作を，ロシア語では，читáть（不完了体）と прочитáть（完了体）の「体のペア」を状況に応じて使い分けながら表現します。

— Вы читáли ≪Войнý и мир≫?　あなたは『戦争と平和』を読みましたか。
— Да, читáл.　　　　　　　　　はい，読みました。あるいは「読んだことがあります」
— А прочитáли?　　　　　　　　で，読み終えたのですか。
— Да, прочитáл.　　　　　　　　はい，読み終えました。

前半では不完了体，後半では完了体が使われています。どちらの場合も「読む」という同一の行為について述べた文ですが，話し手が行為のどの様相*を意識しているのか（どういう視点から行為を見ているのか）によって，2 つの体が使い分けられているのです。

不完了体 читáть を用いた前半では，「読む」という行為が行われたかどうかを問題にしているだけで，その行為が完結したのか，しなかったのかという点は意識されていません。読み終えたのかもしれないし，読み終えなかったかもしれないのです。

完了体 прочитáть を用いた後半では，「読む」という行為の完結という様相が明らかに意識されています。従って，この場合 прочитáть を「読み終える」と訳せるわけです。

　　* 主として動詞によって表現される行為や動作に対する話し手の関係（話し手の抱くイメージ）を示すための文法的カテゴリーのこと。行為の完了・未完了・継続・結果・始動・完結などさまざまな相がある。英語では"aspect"，ロシア語では≪вид≫という。

完了体／不完了体という呼び名に惑わされないでください。不完了体が使われているからといって，必ずしも行為が完了していないとは限りませんし，完了体がいつも行為の完了だけを表すとも限らないのです。一般的にいうなら，完了体が，開始・経過・終了という全体的相のもとにある行為を有限なものとして，いきいきと具体的に捉えるのに対して，不完了体は，どちらかといえば過程や持続の相で行為を捉えるという曖昧な性格しか持っていません。完了体と不完了体はそんな対立の仕方をしているのであって，決して完了⇔不完了という対立ではないのです。

§2 体の基本的用法

不完了体 несовершéнный вид	完了体 совершéнный вид
1. （完了したかどうかは問わず）動作事実の有無を確認したり，動作そのものを名指す。 — Что ты дéлал вчерá? 昨日きみは何をしていたのか。 — Я писáл письмó. 手紙を書いていた。 ●事実そのものが重要 （書き上げたか書き上げなかったかは問題外）	1. 動作の完了（未完了）やその結果が残っていることを示す。 Юра не тóлько писáл письмó, но и написáл егó. ユーラは手紙を書いただけではなく，それを書き上げた。 ●結果が重要 （書き上げられた手紙は目の前にあり，あとは投函するだけ）
2. 動作の継続，進行中 Я изучáю рýсский язы́к год. 私は1年間ロシア語を学んでいます。 Он писáл письмó весь вéчер. 彼は一晩中手紙を書いていた。	
3. 動作の反復 Я всегдá покупáю газéты в киóске. 私はいつもキオスクで新聞を買います。 Обы́чно он вставáл в 7 часóв. ふだん彼は7時に起きていた。 ●反復・頻度を表す副詞をよく伴う。	2. 動作の瞬時性，1回限りの行為 Сегóдня ýтром я купи́л газéту в киóске. 今朝私はキオスクで新聞を買った。 Сегóдня он встáл в 8 часóв. 今日彼は8時に起きた。
4. 2つ以上の動作の同時性 Он сидéл в крéсле, смотрéл журнáл и слýшал мýзыку. 彼は安楽イスに腰掛けて，雑誌を見ながら音楽を聞いていました。	3. 2つ以上の動作の順次性 Он прочитáл журнáл и положи́л егó на стол. 彼は雑誌を読み終えると，それをテーブルの上に置いた。

§3 体のペア

体のペアをなす完了体／不完了体は辞書的語義が原則として同一なので，例えば「読む」という語義の動詞を覚える際には，今後は，完了体／不完了体の両方をいっしょに覚えたほうがいいでしょう。2つの体は，そのほとんどが共通の語根を持っていて，一方の体から他方の体が形成されます。形成のしくみの基本はおよそ次のとおりです。

(1) 不完了体＋接頭辞→完了体

(на-)	писа́ть	−	написа́ть		
(по-)	стро́ить	−	постро́ить 建てる	обе́дать − пообе́дать	
(про́-)	чита́ть	−	прочита́ть		
(с-)	есть	−	съесть 食べる	де́лать − сде́лать	
(при-)	гото́вить	−	пригото́вить 準備する，料理する		
(вы-)	пить	−	вы́пить 飲む		
(у-)	ви́деть	−	уви́деть		

ただし，このタイプの中には，接頭辞がつくことによって新たな意味が付け加わるものも少なくありません。そんな場合は体のペアをなすとは言えないので，別個の動詞として扱います。

  пойти́ 　出かける→ここでの по- は単に完了体を形成するだけではなく，「始発」の意味を付加する。

  перестро́ить 　建て直す→ пере- は「再び」の意味を付加する。

  вы́писать 　書き抜く→ вы- は「出す」の意味を付加する。

(2) 接尾辞の有無や，母音・子音の交替などによって区別するもの

  (-ва-) дава́ть − дать 　与える　　встава́ть − встать 　起きる

    открыва́ть − откры́ть 開ける　　закрыва́ть − закры́ть 閉じる

    забыва́ть − забы́ть 　忘れる

(-а⇔-и) конча́ть − ко́нчить　終える

изуча́ть − изучи́ть　学ぶ　　реша́ть − реши́ть　解決する

(その他) понима́ть − поня́ть　理解する　ложи́ться − лечь　横たわる

покупа́ть − купи́ть　買う　сади́ться − сесть　坐る

начина́ть − нача́ть　始める　выбира́ть − вы́брать　選ぶ

(3) まったく形が異なるもの

брать − взять　取る　говори́ть − сказа́ть　話す

класть − положи́ть　置く　лови́ть − пойма́ть　捕らえる

§4　接続詞 когда

　接続詞 когда́ は「～するとき」を表し，英語の when と同じように時に関する従属節を導きますが，ロシア語の場合は主節と従属節で用いられている動詞の体に注意が必要です。

(1)　動作の同時性

Когда́ он чита́ет, он не ку́рит.
読書するとき，彼はタバコを吸わない。

Когда́ я писа́л письмо́, она́ чита́ла кни́гу.
私が手紙を書いていたとき，彼女は本を読んでいた。
●主節，従属節ともに不完了体。

(2)　動作の順次性

Когда́ я написа́л письмо́, я вы́шел из ко́мнаты.
手紙を書きおえてから，私は部屋を出た。

Когда́ он пришёл домо́й, он сра́зу лёг спать.
彼は帰宅するとすぐ床についた。

95

- 主節，従属節ともに完了体。この場合，когда は「～してから，～した後で」と訳せる。もちろん従属節の動作が先行する。

(3) ある時点での動作の合致（ある持続的な動作を背景にして，別の動作が生起する場合）

Когда́ я шёл домо́й, я уви́дел её.
帰宅する途中で，私は彼女に会った。

Брат смотре́л телеви́зор, когда́ я пришёл домо́й.
私が帰宅したとき，兄はテレビを見ていた。

- 主節，従属節のいずれかに完了体，他方に不完了体。

§5 хоте́ть の変化と用法

хоте́ть は「～を欲する，望む」「～したい」という意味の他動詞です。現在変化が特殊ですが，基本語なのでぜひ覚えましょう。

хоте́ть（欲する）	
хоч-у́	хот-и́м
хо́ч-ешь	хот-и́те
хо́ч-ет	хот-я́т

（e変化とи変化の混合型。アクセントにも注意！）

Я хочу́ воды́.* 　私は水が欲しい。

Мы хоти́м ми́ра.*
私たちは平和を望んでいる。

Он хо́чет э́ту маши́ну.
彼はその車を欲しがっている。

Что вы хоти́те? 　あなたは何が欲しいのですか。

* 抽象名詞や物質名詞が目的語のときは，生格を支配する。

Я не хочу́ звони́ть ему́. 　私は彼に電話をかけたくない。

Я хочу́ пить/есть/спать.
私はのどが渇いている／お腹がすいている／ねむたい。

Хоти́те ещё ча́шку ча́ю? 　お茶をもう一杯いかがですか。
（→ ча́ю の特殊な生格）

第12課
明日の予定は？

基本テクスト

— Серёжа, что ты будешь делать завтра?

セリョージャ，明日はどうするの。

— Ещё не знаю, может быть, пойду в кино. А ты что будешь делать?

まだわからない，映画に行くかもしれない。で，きみはどうするの。

挿入語（成句）

— Я пойду в театр, если Анна захочет. Не хочешь пойти с нами?

もしアーンナが行きたいといったら，劇場に出かけるよ。ぼくらといっしょに行きたくないかい。

— На какой спектакль?

どんな芝居（に行くの）。

対格

— На ≪Три сестры≫.

『三人姉妹』さ。

> — Пойду́ с удово́льствием. Мне
> 　パイドゥー　　スゥダヴォーリィストゥヴィイム　　ムニィエー
> о́чень нра́вятся пье́сы Че́хова.
> オーチィニィ　ヌラーヴィッツァ　ピィイエースゥイ　チィエーハヴァ

喜んで行くよ。ぼくはチェーホフの戯曲が大好きなんだ。

【単語ノート】Серёжа(男) セリョージャ(男の名), мо́жет быть たぶん・ことによると, пойти́(完)(歩いて)出かける, е́сли もし…ならば, захоте́ть(完)欲する, с＋造 …とともに, спекта́кль(男) 芝居, удово́льствие(中) 満足, пье́са(女) 戯曲

● ポイント

　動詞の未来形（未来時制）を学びます。未来形は完了体と不完了体の両方から作られますが，その基本的用法は前課で学んだ体の用法に準じます。これで3つの時制（現在・過去・未来）のすべてが出揃ったことになるので，体と時制の関係についてまとめておきます。
　これまでは文法的な説明を控えてきた, здра́вствуй(те), скажи́те пожа́луйста などにみられる, 動詞の命令形についても説明します。

§1　未来形

　未来形には不完了体未来と完了体未来の2つの形があり，第11課で学んだ「体の基本的用法」がここでも通用します。すなわち，不完了体未来は動作そのものを名指したり，動作の過程・持続・反復，あるいは2つ以上の動作の同時性を表したりするときに用いられ，完了体未来は「～してしまうだろう」というように，動作の（それも主として1回限りの）完結や動作の開始，あるいは2つ以上の動作の順次性を表すときに用いられます。

不完了体未来
　合成未来とも呼ばれ，**быть** の未来形＋不完了体動詞不定形という形態になります。

— Что вы бу́дете де́лать сего́дня ве́чером?
今晩は何をする予定ですか。

— Я бу́ду смотре́ть телеви́зор. テレビを見る予定です。

За́втра они́ бу́дут ката́ться на лы́жах, е́сли бу́дет хоро́шая пого́да. もし天気が良ければ，明日彼らはスキーをする予定です。

Когда́ жена́ бу́дет гото́вить обе́д, я бу́ду писа́ть статью́.
妻が食事の準備をしているあいだに，私は論文を書くでしょう。

— Что вы бу́дете пить? 何をお飲みになりますか。(相手の意向を伺う)

— Я бу́ду пить ко́фе. コーヒーにします。

完了体未来

単一未来とも呼ばれ，完了体動詞の現在（＝未来）人称変化を用います。

● 完了体は＜発話時点のいま＞を表現できない，つまり，発話時点以後の行為についてしか述べることができないので，その現在人称変化は実質的には未来変化である。文法書によっては完了体現在として扱っているものもあるが，本書では完了体未来として扱う。従って，「完了体には現在時制がない」と理解してよい。むしろその方が実際の体の用法に見合っている。

— Она́ пошла́ в магази́н? 彼女は店へ出かけましたか。

— Нет, но ско́ро пойдёт. いいえ，でももうすぐ出かけます。

Е́сли я уви́жу Та́ню, я скажу́, что ты ждёшь её.
もしターニャを見かけたら，きみが彼女を待っていると伝えましょう。

Сейча́с я приду́. いますぐ行きます(来ます)。

Сего́дня я прочита́ю э́тот рома́н.
今日その小説を読み終えてしまおう。

Когда́ я напишу́ письмо́, я пойду́ игра́ть в те́ннис.
手紙を書き上げたら，テニスをしにでかけます。

99

§2 体と時制の関係

		不完了体	完了体
不定形		читáть смотрéть	прочитáть посмотрéть
現在形		я читáю я смотрю́	
未来形	単一未来		я прочитáю я посмотрю́
	合成未来	я бу́ду читáть я бу́ду смотрéть	
過去形		я читáл(а) я смотрéл(а)	я прочитáл(а) я посмотрéл(а)
命令形		читáй(те) смотри́(те)	прочитáй(те) посмотри́(те)

§3 2人称に対する命令形

命令形は ты に対するときと вы に対するときとで形を変えますが，その区別は次に見るようにきわめて簡単です。

ты に対する命令形
現在（未来）語幹（ты の現在語幹を考えればよい）に

1) 語幹が母音で終わるとき　　　　　　　　　　　→ **-й**
2) 語幹が子音で終わるとき（1人称単数で**語尾に力点**がくる場合）
　　　　　　　　　　　　　　　　　　　　　　　→ **-и**

> 3） 語幹が子音で終わるとき（1人称単数で**語幹**に力点がくる場合）
> → **-ь**

を付け加えます。

вы に対する命令形

上の形にさらに **-те** を付け加えます。

читá-й(те) ← читá-ю   читá-ешь ← читáть
посмотр-и́(те) ← посмотр-ю́   посмо́тр-ишь ← посмотре́ть
пиш-и́(те) ← пиш-у́   пи́ш-ешь ← писа́ть
гото́в-ь(те) ← гото́вл-ю   гото́в-ишь ← гото́вить
занима́-йся(йтесь) ← занима́-юсь занима́-ешься ← занима́ться
уч-и́сь(и́тесь) ← уч-у́сь   у́ч-ишься ← учи́ться

ただし，дава-, -става- という綴りを有する動詞の命令形は，不定形から語尾の -ть を取り除いて，-й を付け加えます。

встава́ть → встава́й(те)   дава́ть → дава́й(те)

быть の命令形 бу́дь(те)

命令形のアクセントの位置は1人称単数(я)のアクセントの位置と等しくなります。

§4 人称代名詞の造格

主格	造格	主格	造格
я	мной	мы	на́ми
ты	тобо́й	вы	ва́ми
он/оно́	им	они́	и́ми
она́	ей		

前置詞 c の用法：c は造格を支配する代表的な前置詞の一つで，「～を伴って，～を連れて，～と一緒に」というのが基本的な意味です。

Вы не хоти́те пойти́ с на́ми?　私たちと一緒に行きたくありませんか。

О́чень прия́тно с ва́ми познако́миться.（第8課§4参照）

Он познако́мился с ней.　彼は彼女と知り合った。

よく使われる独特の言い回しとして次のようなものがあります。

мы с тобо́й　私ときみ（= я и ты）　мы с ним　私と彼（= я и он）
мы с ва́ми　私とあなた（= я и вы）　мы с ней　私と彼女（= я и она́）
с удово́льствием　喜んで（満足をもって）

（ ）内の表現はあまり用いられない

н- の前綴を忘れないように!!

(完); приходить (不完)

пойти́　（歩いて出かける）		
		пошёл
пойд-у́	пойд-ём	пошла́
пойд-ёшь	пойд-ёте	пошло́
пойд-ёт	пойд-у́т	пошли́

прийти́　（歩いて来る）		
		пришёл
прид-у́	прид-ём	пришла́
прид-ёшь	прид-ёте	пришло́
прид-ёт	прид-у́т	пришли́

пить（飲む）	
пь-ю	пь-ём
пь-ёшь	пь-ёте
пь-ёт	пь-ют

ждать（待つ）	
жд-у	жд-ём
жд-ёшь	жд-ёте
жд-ёт	жд-ут

встава́ть（起きる）	
вста-ю́	вста-ём
вста-ёшь	вста-ёте
вста-ёт	вста-ю́т

(不完); встать (完)

дава́ть(不完)/дать(完) （与える）			
да-ю́	да-ём	да-м	дад-и́м
да-ёшь	да-ёте	да-шь	дад-и́те
да-ёт	да-ю́т	да-ст	дад-у́т

練習問題6

1. （　）内に不定形で示された動詞から，まずふさわしい体を選び，次にそれを適当な形にして下線部に入れなさい。

1) （читáть／прочитáть）

— Что ты вчерá дéлал, Вѝктор?
— Я ＿＿＿＿＿＿＿＿ журнáл ≪Огонёк≫.
— Скóлько врéмени ты ＿＿＿＿＿＿＿＿ э́тот журнáл?
— Я ＿＿＿＿＿＿＿＿ егó два часá.
— Ты мóжешь* дать мне э́тот журнáл?　*мочь …できる
— Конéчно. Я у́же ＿＿＿＿＿＿＿＿ егó.

2) （дéлать／сдéлать）

Вéчером он дóлго ＿＿＿＿＿＿＿＿ домáшнее задáние.* Он хорошó
＿＿＿＿＿＿＿＿ егó.　*宿題

3) （получáть／получѝть）　受け取る

Обы́чно онá ＿＿＿＿＿＿＿＿ однó письмó кáждую недéлю. Сегóдня онá
＿＿＿＿＿＿＿＿ срáзу три письмá.

4) （покупáть／купѝть）

Мой брат óчень лю́бит ＿＿＿＿＿＿＿＿ кнѝги. Когдá он учѝлся, он чáсто
＿＿＿＿＿＿＿＿ кнѝги. Он и сейчáс лю́бит ＿＿＿＿＿＿＿＿ кнѝги. Вчерá он
＿＿＿＿＿＿＿＿ áнгло-рýсский* словáрь.　*英露の

5) （решáть／решѝть）

Вчерá вéчером мáльчик дóлго ＿＿＿＿＿＿＿＿ задáчу*, и наконéц**
＿＿＿＿＿＿＿＿ её.　*課題，問題　**ついに，とうとう

2. （　）内の動詞を未来形にして下線部に入れなさい。

1) （учѝть）Зáвтра Олéг ＿＿＿＿＿＿＿＿ нóвые словá.

2) （занимáться）Сегóдня вéчером я ＿＿＿＿＿＿＿＿ в библиотéке.

3) （купѝть）Я пойдý на ýлицу и ＿＿＿＿＿＿＿＿ газéту.

4) （забы́ть*）Мы не ＿＿＿＿＿＿＿＿ э́ту пéсню.　*忘れる（быть の変化参照）

第 13 課 誰に電話したの？

基本テクスト

— Что ты хо́чешь подари́ть твоему́ бра́ту?

お兄さんに何をプレゼントしたいの。

— Ещё не реши́ла. Снача́ла посмо́трим руба́шки. Бу́дьте добры́, покажи́те мне, пожа́луйста, бе́лые руба́шки.

まだ決めてないの。まずワイシャツを見てみましょうよ。すみません，白いワイシャツを見せてください。

（быть の命令形）
（呼びかけのていねいな表現）

— Како́й разме́р?

どんなサイズでしょうか。

— Три́дцать девя́тый.

39号です。

— Пожа́луйста.

どうぞ。

— Как ты ду́маешь, ему́ понра́вится э́та руба́шка?
カーク　トゥィ　ドゥーマィシ　ィムウー　パヌラーヴィッツァ　エータ　ルバーシカ

（完了未来）

あなたどう思う，このワイシャツは彼の気に入るかしら。

— Да. Ду́маю, она́ пойдёт ему́.
ダー　ドゥーマユ　アナー　パィヂョートゥ　ィムウー

気に入るわ。それは彼に似合うと思うわ。

— Ско́лько она́ сто́ит?
スコーリィカ　アナー　ストーイトゥ

（それは）おいくらですか。

— Три́ста рубле́й. Возьмёте?
トゥリースタ　ルゥブリィエーィ　ヴァズィミィヨーチェ

ВЗЯТЬの変化に注意

300 ルーブリです。お買い求めでございますか。

— Да.
ダー

ええ。

【単語ノート】подари́ть（完）贈る，снача́ла まず初めに・最初から，руба́шка（女）ワイシャツ，показа́ть（完）見せる・示す，разме́р（男）サイズ，девя́тый 9番目の，идти́/пойти́（不完/完）似合う，сто́ить（不完）値段がかかる，рубль（男）ルーブリ

● ポイント

　名詞や形容詞の与格を学びます。与格の基本的な意味は「～に」で，間接目的語としての役割が中心になります。また，すでに見たように，無人称文の意味上の主語としての役割も与格の重要な機能の一つです。

　そのほかに，日常生活には欠かせない値段の尋ね方と答え方についても勉強しますが，ここでも個数詞と名詞の結びつきが大切になってきます。

　さらに，順序数詞，数量代名詞の用法などもこの課の重要事項です。

105

§1 名詞・形容詞・代名詞の与格

名詞の与格

① — → -у	④ -а → -е	⑦ -о → -у
② -й → -ю	⑤ -я* → -е	⑧ -е(ё) → -ю
③ -ь → -ю	⑥ -ь → -и	

*-ия で終わるものは -ии となる： ста́нция → ста́нции

形容詞の与格

	男性・中性単数	女性単数	複数(3性共通)
硬変化	-ому	-ой	-ым
軟変化	-ему	-ей	-им

所有代名詞と指示代名詞の与格

	男性・中性単数	女性単数	複数(3性共通)
所有代名詞	моему́ на́шему	мое́й на́шей	мои́м на́шим
指示代名詞	э́тому тому́	э́той той	э́тим тем

— Кому́ вы звони́ли? あなたは誰に電話をかけましたか。

— Бра́ту. 兄にかけました。

— Ско́лько лет твоему́ бра́ту? きみのお兄さんは何歳ですか。

— Ему́ два́дцать шесть лет. 彼は26歳です。

Ната́ша купи́ла Андре́ю га́лстук. 語順の入れ替え可
ナターシャはアンドレーイにネクタイを買いました。

Он показа́л мне свою́ фотогра́фию.
彼は私に自分の写真を見せてくれた。

Папа всегда помогает маме.
パパはいつもママの手伝いをしています。　←与格支配の動詞

§2　値段の尋ね方

ある品物の値段を尋ねるときは

> Сколько стоит (стоят) ～ ?

と表現します。

стоить：стою, стоишь…стоят　← стоять（立っている）と混同しない
　　　　　　　　　　　　　　　　　　　（⇨第4課§1）

— Сколько это стоит?　　　これはいくらですか。
—(Это стоит) два рубля.　　2ルーブリです。
　　　　три рубля десять копеек.
　　　　　　　　　　　　　　3ルーブリ 10 コペイカです。
　　　　пять рублей двадцать две копейки.
　　　　　　　　　　　　　　5ルーブリ 22 コペイカです。

1 はふつう省略される —
　　　(один) рубль.　　1ルーブリです。
　　　(одну) копейку.　　1コペイカです。

●ロシアの通貨単位はルーブリ рубль と コペイカ копейка で, 1ルーブリは 100 コペイカ。

рубль は男性名詞。単数, 複数生格はそれぞれ рубля, рублей
копейка は女性名詞。単数, 複数生格はそれぞれ копейки, копеек

— Сколько стоит эта книга?　　この本はいくらですか。
— Она стоит рубль тринадцать копеек.　1ルーブリ 13 コペイカです。
— Сколько стоит стакан пива?　ビール一杯はいくらですか。
— Он стоит пять рублей.　　5ルーブリです。
— Сколько стоят эти часы?　この時計はいくらですか。
— Они стоят двести рублей.　200ルーブリです。

§3 数量代名詞

скóлько, мнóго, мáло(少しの, 少ししかない), нéсколько (いくらかの, 数個の, 若干の) などは数量代名詞と呼ばれ, それと結びつく名詞は, 数えられる名詞（可算名詞）の場合は複数生格, 数えられない名詞（不可算名詞）の場合は単数生格を用います。

У неё мнóго книг／друзéй／дéнег.
彼女はたくさんの本／友人／お金／を持っています。

Он знáет мнóго инострáнных языкóв.
彼は多くの外国語を知っている。

Пришлó мнóго студéнтов. 多くの学生がやって来た。

У меня́ мáло врéмени. 私にはあまり時間がない。

（мнóго に赤字注記：中性単数扱い）

§4 順序数詞

順序数詞は一種の形容詞ですから, 格変化のしかたも形容詞とまったく同じです。ただ, трéтий だけはちょっと特殊な形になるので注意が必要です。

	男性・単数	女性・単数	中性・単数	複数
主格	пéрвый	пéрвая	пéрвое	пéрвые
生格	пéрвого	пéрвой	пéрвого	пéрвых
与格	пéрвому	пéрвой	пéрвому	пéрвым
対格	*	пéрвую	пéрвое	*
造格	пéрвым	пéрвой	пéрвым	пéрвыми
前置格	о пéрвом	о пéрвой	о пéрвом	о пéрвых

*活動体の場合は生格と等しく, 不活動体の場合は主格と等しい。

трéтий（主）трéтьего（生）трéтьему（与）…

合成順序数詞

　桁数の大きい順序数詞の場合，順序数詞になるのは最後の位だけで，それ以上の位は個数詞のままでいいのです。それに，格変化をするのも，順序数詞の部分だけです。

21 番目の	двáдцать пéрвый
33 番目の	трúдцать трéтий
102 番目の	сто вторóй
1993 番目の	ты́сяча девятьсóт девянóсто трéтий

Я учýсь на пéрвом/вторóм/трéтьем/четвёртом кýрсе.
私は大学 1 / 2 / 3 / 4 年生です。

Моя́ кварти́ра на седьмóм этажé.　私の住まいは 7 階にあります。

— Какóе сегóдня числó?　今日は何日ですか。
— Сегóдня ┬ пéрвое мáя.　今日は 5 月 1 日です。
　　　　　├ девя́тое января́.　1 月 9 日です。
　　　　　└ двáдцать пя́тое декабря́.　12 月 25 日です。

　日付に中性形を用いるのは，числó（〜日）が省略されているからです。月名は生格を用います。つまり，何月<u>の</u>何番目の日というわけです。

Он роди́лся в 1952（ты́сяча девятьсóт пятьдеся́т вторóм）годý.
彼は 1952 年に生まれた。

Сегóдня пéрвое января́ ты́сяча девятьсóт девянóсто четвёртого гóда.　今日は 1994 年 1 月 1 日です。

Я ви́жу па́мятник Петрý I（пéрвому）.
ピョートル I 世の銅像が見える。　　＊銅像（記念碑）は人物名を与格にする

В.В.Терешкóва — пéрвая в ми́ре жéнщина-космонáвт.
ヴェ・ヴェ・テレシコーヴァは世界最初の女性宇宙飛行士です。
＊文中では読まなくてよい

§5 彼女にピンクは似合わない

上の日本語をロシア語にすれば Ей не идёт рóзовый цвет. となります。идти には「似合う」という意味もあるのです。

Вам идёт э́тот костю́м.　この背広はあなたにとても似合います。

Э́тот цвет тебе́ не идёт.　この色はきみに合わない。

Э́та брошь соверше́нно не идёт к* ва́шему пла́тью.
このブローチはあなたのワンピースにまったく合いません。

* к + 与格 → 〜方面へ、〜のところへ

　　Я иду́ к дру́гу.　私は友人のところへ行くところです。

　　Приходи́те ко мне.　私のところへ来てください。

この意味では、完了体は ПОЙТИ

§6 пожа́луйста の3つの意味

(1) 依頼（どうぞ、どうか）

Скажи́те, пожа́луйста, где здесь по́чта?
ちょっとお尋ねしますが、このあたりに郵便局はありますか。

Да́йте мне, пожа́луйста, воды́.　すみませんが、私に水をください。

(2) 許可、提供（どうぞ、はいどうぞ）

— Покажи́те мне, пожа́луйста, э́ту кни́гу.
　　　　　　　　　　どうか私にその本を見せてください。

— Пожа́луйста.　はいどうぞ。（本を差し出しながら）

— Мо́жно кури́ть?　タバコを吸ってもいいですか。

— Пожа́луйста.　どうぞ。（いいですとも）

(3) 謝辞や謝罪に対する返答（どういたしまして）

— Спаси́бо за угоще́ние.　ごちそうさまでした。

　　　　　　　　　対格

— Пожа́луйста. どういたしまして。
— Извини́те за нескро́мный вопро́с.
ぶしつけな質問をしてすみません。　対格
— Пожа́луйста. どういたしまして。

брать (不完)		взять (完)	
(取る，手に入れる)			
беру́	берём	возьму́	возьмём
берёшь	берёте	возьмёшь	возьмёте
берёт	беру́т	возьмёт	возьму́т

помо́чь (助ける，手伝う)	
помогу́	помо́жем
помо́жешь	помо́жете
помо́жет	помо́гут

показа́ть (見せる)	
покажу́	пока́жем
пока́жешь	пока́жете
пока́жет	пока́жут

第14課 大統領になる

基本テクスト

Зна́ете ли вы, что изве́стный учёный, пе́рвая ру́сская же́нщина-матема́тик Со́фья Ковале́вская была́ не то́лько матема́тиком, но и поэ́том и писа́телем? Уже́ в де́тстве она́ серьёзно интересова́лась литерату́рой, о́чень мно́го чита́ла. Пото́м начала́ писа́ть сама́. Она́ писа́ла рома́ны, дра́мы, стихи́. Со́фья Ковале́вская счита́ла, что матема́тика — э́то нау́ка, кото́рая тре́бует фанта́зии.

有名な学者で，ロシア最初の女性数学者ソーフィヤ・コヴァレーフスカヤはただ単に数学者であっただけでなく，詩人・作家でもあったということをご存じですか。すでに子供のころから，彼女は文学に真剣な関心を示し，数多くの本を読んでいました。そして，その後自分でも書きはじめたのです。彼女は小説，戯曲，詩を書きました。ソーフィヤ・コヴァレーフスカヤは，数学は想像力を必要とする学問である，と考えていました。

【単語ノート】ли …か(どうか), изве́стный 有名な, учёный(男) 学者, матема́тик(男) 数学者, Со́фья(女) ソーフィヤ(女の名), Ковале́вская(女) コヴァレーフスカヤ(姓), поэ́т(男) 詩人, де́тство(中) 幼年時代, серьёзно 真剣に, интересова́ться(不完) 興味がある, нача́ть(完) 始める, сам 自身・ひとりで, дра́ма(女) ドラマ, стих(男) 詩・詩の一行, счита́ть(不完) 考える, матема́тика(女) 数学, нау́ка(女) 学問・科学, тре́бовать(不完) 要求する, фанта́зия(女) 想像力・空想

● ポイント

造格とその用法について学びます。造格の主な機能は手段や道具を表すことですが、それ以外にも述語としての機能をもっていたり、造格を支配するさまざまな動詞や形容詞と結びついたりします。

そのほか、基本テクストの理解に必要ないくつかの事項 —— 接続詞 что, 関係代名詞の主格の用法, 定代名詞 сам などにも説明を加えます。

複数形の一部を除けば、これで6つの格をひと通り学んだことになります。ここまで来れば、折り返し点を過ぎたも同然です。

§1 名詞の造格

① — → -ом 1)	④ -а → -ой 3)	⑦ -о → -ом
② -й → -ем	⑤ -я → -ей 4)	⑧ -е(ё) → -ем(ём)
③ -ь → -ем 2)	⑥ -ь → -ью	вре́мя → вре́менем

1) ж, ч, ш, щ および ц で終わるものは、アクセントが語尾にある場合は -ом になるが、語幹にある場合は -ем になる。

  оте́ц → отцо́м врач → врачо́м

  това́рищ → това́рищем муж → му́жем

2) アクセントが語尾にある場合は -ём になる。 слова́рь → словарём

3) жа, ча, ша, ща および ца で終わるものは、1) と同様、アクセントが語尾にある場合は、-ой になるが、語幹にある場合は -ей になる。

  душа́ → душо́й учи́тельница → учи́тельницей

113

4)　アクセントが語尾にある場合は -е́й になる。　семья́ → семьёй

§2　形容詞・代名詞の造格

形容詞の造格

	男性・中性単数	女性単数	複数(3性共通)
硬変化	-ым	-ой	-ыми
軟変化	-им	-ей	-ими

所有代名詞と指示代名詞の造格

	男性・中性単数	女性単数	複数(3性共通)
所有代名詞	мои́м　на́шим	мое́й　на́шей	мои́ми　на́шими
指示代名詞	э́тим　тем	э́той　той	э́тими　те́ми

§3　造格の用法

述語として

(Он журнали́ст.)[1)]

Он был/бу́дет журнали́стом.[1)]
彼はジャーナリストだった/になるだろう。

Он хо́чет быть（стать）журнали́стом.[1)]
彼はジャーナリストになりたいと思っている。

Два го́да наза́д она́ была́ студе́нткой.[1)]
2年前彼女は大学生でした。

Москва́ явля́ется столи́цей Росси́и.
モスクワはロシアの首都です。

Вопрос казался мне трудным.　問題は私には難しく思われた。
Работа казалась мне трудной.　仕事は私には難しく思われた。
М. С. Горбачёв стал президентом СССР.
エム・エス・ゴルバチョーフはソ連邦の大統領になった。　[エス・エス・エス・エール］；不変化（ここでは生格）

※読まなくてよい

Он стал другим человеком.　彼は別人になった。
1) быть と共に合成述語を形成するとき，現在形（быть が省略される）では主格になるが，過去形・未来形・不定形では造格になることが多い。特に，一時的な身分や状態を表すときには造格を用いる。
2) являться 〜である，казаться 〜に思われる，見える，становиться/стать 〜になる，などの動詞と共に合成述語を形成するときは必ず造格を用いる。

その他の用法

道具　　　　— Чем вы пишете?
　　　　　　　あなたは何で(何を使って)書いていますか。
　　　　　　— Я пишу карандашом.　私は鉛筆で書いています。
資格　　　　— Кем вы работаете?　あなたのご職業は何ですか。
　　　　　　— Я работаю инженером.　私は技師です。
交通手段　　Мы ездили поездом.　私たちは汽車で行った。
移動の場所　Он шёл лесом.　彼は森を通って行った。

造格支配の動詞

заниматься спортом/русским языком
　スポーツをする/ロシア語を勉強する
интересоваться историей/музыкой　歴史/音楽に興味がある
пользоваться словарём/автобусом　辞書/バスを利用する
любоваться картиной/Ольгой　絵/オーリガに見とれる

→ -овать 動詞；現在変化は требовать (p.119) 参照

занима́ться	
（勉強する，～に従事する）	
занима́-юсь	занима́-емся
занима́-ешься	занима́-етесь
занима́-ется	занима́-ются

интересова́ться	
（～に興味がある）	
интересу́-юсь	интересу́-емся
интересу́-ешься	интересу́-етесь
интересу́-ется	интересу́-ются

§4　接続詞 что

　接続詞 что は「～ということを」という意味で，英語の that と同じように，主節と従属節をつなぐ役目を持っています。

Я зна́ю, что он хорошо́ говори́т по-ру́сски.
私は，彼が上手にロシア語を話すことを知っている。

Она́ сказа́ла, что（она́）не придёт сего́дня.
彼女は今日は来ないと言った。

О́чень рад, что вы прие́хали.
あなたが来てくださってとても嬉しいです。

Я совсе́м не знал, что она́ больна́.
彼女が病気だとはまったく知らなかった。

　疑問詞 что も，接続詞と同じように，従属節を導くことができます。他の疑問詞 где, когда́, почему́, куда́, как, чей …なども同様です。

Я знаю,
- что он сейчас делает.
  彼が今何をしているか
- где живёт Виктор.
  ヴィークトルがどこに住んでいるか
- когда начинается фильм.
  映画がいつ始まるか
- почему она не была на уроке.
  彼女がなぜ授業に来なかったのか
- куда ты идёшь.
  きみがどこへ行くところなのか
- как он любит читать.
  彼がどれほど読書が好きか
- чья это сумка. これが誰のバッグか

知っている。

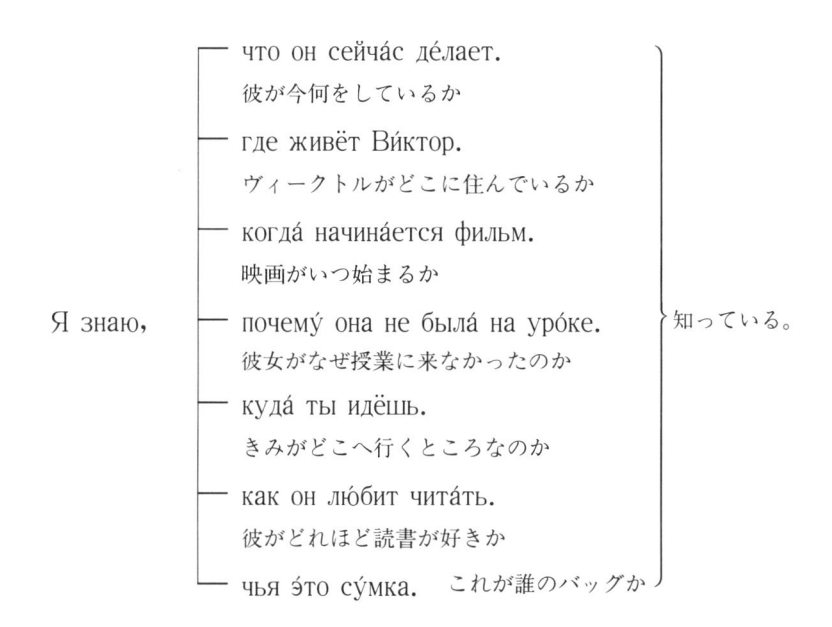

§5　関係代名詞（1）

詳しい説明は後にゆずり，ここでは主格の用法だけを解説します。

関係代名詞 который は，形態的には形容詞と同じですから，関係する名詞（先行詞）の性・数に応じて次の4つの形を持っています。

男性単数	女性単数	中性単数	複数(3性共通)
который	которая	которое	которые

Это студент, который живёт здесь.
これはここに住んでいる男子学生です。
Это студентка, которая живёт здесь.
これはここに住んでいる女子学生です。

Письмо́, кото́рое лежи́т на столе́, написа́ла А́нна.
机の上にある手紙はアーンナが書いた。

Я хорошо́ зна́ю студе́нтов, кото́рые сидя́т там.
私はあそこに坐っている学生たちをよく知っている。

関係代名詞は先行詞と性・数が一致します。格は一致しません。

§6　定代名詞 сам

сам は名詞・人称代名詞と共に用い，「その人自身，そのモノ自体」を表します。また，「他人の力を借りずに，独力で，ひとりでに」という意味にもなります。変化は指示代名詞 э́тот に準じます。

男性単数	女性単数	中性単数	複数(3性共通)
сам	сама́	само́	са́ми

Я сам (сама́) не зна́ю.　私は自分でもわからない。

Позвони́те, пожа́луйста, ему́ самому́.　彼自身に電話してください。

Отвеча́йте са́ми.　自分で答えてください。

Э́то зави́сит от него́ самого́/неё само́й.　 — зави́сеть от 生格：「～次第だ，～に依存する」
それは彼/彼女本人次第だ。

Смерть сама́ не стра́шна, а узна́ть о ней стра́шно.
死それ自体は怖くないが，それを知るのが怖いのだ。

§7　形容詞型の名詞

ロシア語には形容詞が名詞に転化したものが少なくありません。これらのものは品詞としては名詞ですが，変化は形容詞に準じます。

Достоéвский (Достоéвская), Толстóй (Толстáя), учёный, рабóчий 労働者, знакóмый (знакóмая) 知人, больнóй (больнáя) 病人, столóвая 食堂, дéтская 子供部屋, гостúная 客間, вáнная 浴室, запятáя コンマ

трéбовать (不完)		начáть (完)	
(要求する)		(始める)	
трéбу-ю	трéбу-ем	начн-ý	начн-ём
трéбу-ешь	трéбу-ете	начн-ёшь	начн-ёте
трéбу-ет	трéбу-ют	начн-ёт	начн-ýт

→ -овать 動詞；-ова- が -y- に変わることに注意。(e 変化の一種)

練習問題 7

1. （　）内の語句を適当な形に直し，かつ全文を和訳しなさい。

1) — Ско́лько лет（ва́ша сестра́）? — （Она́） семна́дцать лет.
2) — С кем ты ходи́л в кино́? — Я ходи́л в кино́ со（свой брат）.
3) — Кому́ он подари́л пода́рок? — Он подари́л пода́рок（жена́）.
4) — С чем* вы бу́дете пить чай? — Я бу́ду пить чай с（лимо́н）.
5) Я ду́маю, что（ты）о́чень идёт э́то чёрное пальто́.

2. 下線部について尋ねる問いの文を作りなさい。

1) Юра пи́шет сочине́ние <u>карандашо́м</u>.
2) Обы́чно они́ обе́дают <u>в столо́вой</u>.
3) Она́ купи́ла га́лстук <u>му́жу</u>.
4) Я учу́сь на <u>экономи́ческом</u>* факульте́те.　　　* 経済の，経済学の
5) Ни́на занима́ется <u>япо́нским языко́м</u>.

3. （　）内に適当な関係代名詞を入れて，全文を和訳しなさい。

1) Мне на́до позвони́ть дру́гу,（　　　）прие́хал вчера́ в наш го́род.
2) Та де́вушка,（　　　）сиди́т там, у́чится на второ́м ку́рсе.
3) Принеси́те*, пожа́луйста, письмо́,（　　　）лежи́т на столе́.
　　　　　　　　　　　　　　　　　　* принести́（完）持ってくる，приноси́ть（不完）
4) Ты зна́ешь тех студе́нтов,（　　　）иду́т в столо́вую?
5) Писа́тель,（　　　）написа́л э́тот рома́н, роди́лся у нас в дере́вне.

4. ｛　｝内の日本語を参考にして，以下の問いにロシア語で答えなさい。

1) Ско́лько сто́ит э́то пла́тье?　｛120 ルーブリ 50 コペイカ｝
2) Ско́лько лет его́ отцу́?　｛52歳｝
3) С кем вы встре́тились* на ве́чере?　｛有名な俳優 актёр｝
　　　　　　　　　　　　　　　　　　* встре́титься（完）с 造格　〜と出会う
4) Кем рабо́тает их сестра́?　｛看護婦　медсестра́｝
5) Кому́ вы сказа́ли об э́том?　｛私の女友だち｝

Disc2 3

第15課
あの店はうまい

基本テクスト

—Скажи́те, пожа́луйста, каки́е у вас спекта́кли?

ちょっとお伺いしますが、(いま)そちらではどんな出し物をやっているんでしょうか。

—Каки́е чи́сла вас интересу́ют?

（対格／単数形: число́／-овать動詞）

ご希望日はいつでしょうか。

—Послеза́втра.

明後日です。

—Послеза́втра —《Лебеди́ное о́зеро》.

明後日は『白鳥の湖』でございます。

—Спаси́бо. Биле́ты есть?

ありがとう。チケットはありますか。

—Биле́ты продаю́т за де́сять дней до спекта́кля. Но в ка́ссе мо́гут быть ещё биле́ты.

（不定人称文：Биле́ты は主格（主語）ではなく、対格（目的語））

チケットは公演の10日前から発売しております。ですが、劇場の窓口にはまだチケットがあるかもしれません。

121

―Ещё раз спасибо. Пойду на ≪лишний билетик≫.

重ね重ねありがとうございます。「余った切符」を当て込んで行ってみます。

―Желаю вам удачи.

ご成功をお祈りします。

> ロシアの劇場前では「余った切符はありませんか？」У вас нет лишнего билета? と尋ねている人々をよく見かける

> 「…に（与格）～を（生格）望む」

【単語ノート】интересовать（不完）興味をひく, послезавтра 明後日, лебединый 白鳥の, озеро（中）湖, билет（男）切符, продавать(ся)（不完）売る（売られる）, лишний 余分の・余った, билетик（男）билет の指小形, желать（不完）望む, удача（女）成功

● ポイント

不定人称文と呼ばれる文について学びますが, 第7課§2で簡単に説明した構文がこれにあたります。

СЯ 動詞を用いた被動相（いわゆる受身）もこの課のテーマです。これは不完了体動詞による受身の表現であり, 完了体動詞による被動相については本書の終わりの方で学ぶ予定です。

§1　不定人称文

不定人称文とは, 主語が明示されていず, ある行為が不定の人によって行われることを表す文のことで, 述語動詞は3人称複数形になります。この場合, 話し手（発話者）の関心は, 誰が行為者であるかということではなく, 行為そのもの, あるいは行為の結果に向けられているのです。

Здесь не курят. 　ここは禁煙です（ここでは人々は煙草を吸いません）。

Говорят, что он болен. 　彼は病気だそうです。

Нас приглашают на вечер. 　私たちはパーティに招待されています。

В этом ресторане хорошо готовят. 　そのレストランはうまい料理を出す。

> 「～という噂だ」

> 目的語を主語にして受身のように訳すのがコツ

Везде́ говори́ли о но́вом фи́льме.
いたるところ新しい映画の噂でもちきりだった。

Неда́вно там постро́или но́вую шко́лу.
最近あそこに新しい学校が建設された。

В э́том райо́не бу́дут стро́ить библиоте́ку.
この地区に図書館が建設されるだろう。

§2 被動相〔受身の表現〕(1)

被動相になりうる動詞はいうまでもなく他動詞ですが，ここではまず，不完了体他動詞を用いた受身の表現を学びましょう。

不完了体動詞の受身

-ся を付け加え，行為の主体を造格で示す。

Здесь продаю́тся ру́сские кни́ги.［受身］
ここで，ロシアの本が売られている。 ← 主語（主格）

＝Здесь продаю́т ру́сские кни́ги.［不定人称文］
ここで，ロシアの本を売っている。 ← 目的語（対格）

Автомоби́ли произво́дятся э́тим заво́дом.
自動車はこの工場によって生産されている。

＝Э́тот заво́д произво́дит автомоби́ли.
この工場は自動車を生産している。

Библиоте́ка стро́ится студе́нтами.
図書館は学生たちによって建設されている。 ← 複数造格（⇨第17課§5）

＝Студе́нты стро́ят библиоте́ку.
学生たちが図書館を建設している。

§3 時の表現（2）

前置詞なしの対格の用法

Я чита́л два часа́.　私は2時間読書をした。

Ка́ждый день/ве́чер он хо́дит в бассе́йн.
毎日/晩彼はプールに通っている。

Ка́ждое у́тро/воскресе́нье я де́лаю заря́дку.
毎朝/日曜日私は体操をする。

Ка́ждую неде́лю/суббо́ту мы хо́дим в клуб.
毎週/土曜日私たちはクラブへ行く。

Он был на Кавка́зе всё ле́то/всю зи́му.
彼は夏中/冬中カフカースにいた。

Це́лый день/Це́лую неде́лю шёл снег.
まる一日/一週間雪が降っていた。

Я живу́ в э́том го́роде уже́ де́сять лет.
私はこの町にもう10年住んでいる。

B+前置格 ～年に，～週に　**На+前置格**

в 1972 (ты́сяча девятьсо́т се́мьдесят второ́м) году́　1972年に

в 1900 (ты́сяча девятьсо́том) году́　1900年に

в э́том году́ / в про́шлом году́ / в бу́дущем году́
　　　　　　　　　　　　　　　今年/去年/来年(に)

на э́той неде́ле / на про́шлой неде́ле / на бу́дущей неде́ле
　　　　　　　　　　　　　　　今週/先週/来週(に)

順序数詞を用いた時刻の表し方

—Ско́лько сейча́с вре́мени?　今何時ですか。

—Сейча́с два́дцать мину́т пе́рвого/второ́го/тре́тьего.
　今，0時/1時/2時20分です。

пе́рвый час, второ́й час …とは，1番目の時間帯，2番目の時間帯…のことで，それぞれ0時（12時）〜1時，1時〜2時の1時間を指します。従って，1時20分は2番目の時間帯の20分と表現されます。

Сейча́с полови́на второ́го/шесто́го.　今1時/5時半です。

(1/2)

Сейча́с че́тверть деся́того/оди́ннадцатого.
　　　　　　　(1/4)　　　　　　　　今9時/10時15分です。

Уже́ четвёртый час.　すでに3時すぎです。

—В кото́ром часу́/Когда́ вы встаёте?
　あなたは何時に起きますか。

—Я встаю́ ─ в восьмо́м часу́.　　　　7時すぎに
　　　　　├ в два́дцать восьмо́го.　　7時20分に
　　　　　├ в полови́не восьмо́го.　　7時半に　　（前置格）
　　　　　└ че́тверть восьмо́го.　　　7時15分に

～時～分前（に）　　　生格支配の前置詞

Сейча́с без двух/пяти́/десяти́ три.　今3時2分/5分/10分前です。

Сего́дня у́тром я встал без пяти́ семь.　今朝私は7時5分前に起きた。

Она́ верну́лась домо́й без че́тверти четы́ре.
彼女は4時15分前に帰宅した。

前置詞を伴う時の表現

| с 生格　до 生格　～から～まで |

（特殊な生格）
с ча́су (ча́са) до двух　　　　　　　　1時から2時まで
с двух до трёх　　　　　　　　　　　　2時から3時まで
Я рабо́таю с 9 (девяти́) до 5 (пяти́).　私は9時から5時まで働きます。
с утра́ до ве́чера　　　　　　　　　　朝から晩まで

| че́рез 対格　　～後に，～したら |

Я опя́ть приду́ че́рез час/полчаса́.　1時間後に/30分後にまた来ます。

Он верну́лся че́рез неде́лю.　　　　彼は一週間後に戻ってきた。

после 生格	～のあとで

Я опя́ть приду́ по́сле двух часо́в.　2時すぎにまた来ます。

По́сле у́жина я смотрю́ телеви́зор.　夕食後私はテレビを見ます。

к 与格	～までに，～頃（まで）に

Он придёт к трём часа́м.　彼は3時頃までに来るだろう。

К ве́черу дождь переста́л.　夕方までに雨があがった。

за 対格 до 生格	～の～前に

Мы пришли́ за де́сять мину́т до нача́ла конце́рта.
私たちはコンサートの始まる10分前に到着した。

нача́ло (中)「始まり，開始」

§4　мочь の変化と用法

мочь には，～できる（可能性），～してよい（許可）という意味以外に，～するかもしれない，～が起こり得る（蓋然性）という意味もあります。

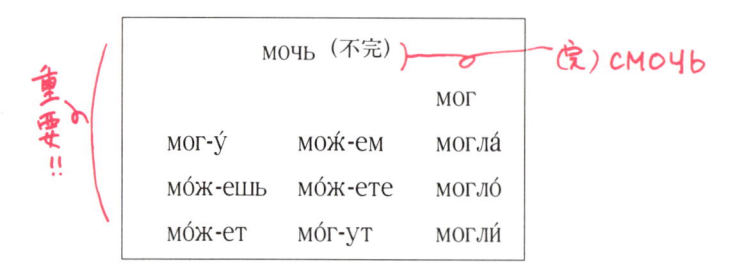

重要!!

мочь (不完)		（完）смочь
		мог
мог-у́	мо́ж-ем	могла́
мо́ж-ешь	мо́ж-ете	могло́
мо́ж-ет	мо́г-ут	могли́

Я не могу́ реши́ть э́ту зада́чу. 私はその問題を解くことができない。
Е́сли мо́жете, приходи́те ко мне. できれば、うちにおいでください。
Мо́жете ли вы показа́ть э́ту кни́гу? その本を見せてもらえますか。
Он не мог позвони́ть ей. 彼は彼女に電話できなかった。
Всё мо́жет быть. あらゆることが起こりうる。
Э́того не мо́жет быть. こんなことはありえない。
　　　└否定生格

§5　挨拶の表現

　　　　与格　生格
Жела́ю вам сча́стья.　あなたの幸福を祈ります。
Жела́ю вам хоро́шего здоро́вья.　あなたの健康を祈ります。
Жела́ю тебе́ больши́х успе́хов в рабо́те.
きみの仕事での大成功を祈っているよ。

　これらの表現は口頭でも、また手紙やお祝いのカードでもよく使われます。さらに、Жела́ю вам/тебе́ を省略して、慣用句になっているものもあります。

　　　　　　　　　発音に注意
Счастли́вого пути́!　［シシィスリィーヴァヴァ　プッチー］　道中ご無事で。⇒「まえがき」
Всего́ до́брого!　［フスィヴォー　ドーブラヴァ］　ごきげんよう。(別れの際の挨拶)
Всего́ хоро́шего!　［フスィヴォー　ハローシィヴァ］　ごきげんよう。(別れの際の挨拶)
Прия́тного аппети́та!　［プリィヤートゥナヴァ　アピィチータ］
　　　　　　　　　　　　たんと召し上がれ。(食事中の人に向かっての挨拶)
Споко́йной но́чи!　［スパコーィニィ　ノーチィ］　おやすみなさい。

すべて生格

§6 интересовать と интересоваться

比較してみましょう。

Я интересу́юсь му́зыкой.   Меня́ интересу́ет му́зыка.
　　　　　　　　　私は音楽に興味がある。

Он интересу́ется теа́тром.   Его́ интересу́ет теа́тр.
　　　　　　　　　彼は演劇に興味がある。

Они́ интересу́ются вопро́сами поли́тики.　　彼らは政治問題に興味がある。

Их интересу́ют вопро́сы поли́тики.

интересова́ть は他動詞なので目的語は対格になりますが，интересова́ться は造格支配の ся 動詞です。

　Что вас интересу́ет? = Чем вы интересу́етесь?
　　　　あなたは何に興味がありますか。

第16課 ぼくが愛した少女

基本テクスト

Однажды мы с отцом поехали в Киев, в город, в котором я никогда раньше не был. В Киеве я познакомился с девочкой, которую звали Нина. Скоро мы уехали из Киева, но я не мог забыть девочку, с которой там познакомился. Я много думал о ней. Наконец я послал ей письмо, в котором рассказал ей о своей жизни. С тех пор прошло много лет и девочка, которой я послал письмо, стала моей женой.

　ある時，ぼくと父はキーエフ——それまでぼくが一度も行ったことのなかった町——へ出かけた。キーエフで，ぼくはニーナという名の少女と知り合った。まもなくぼくらはキーエフを離れたが，そこで知り合った少女のことを忘れることができなかった。
　ぼくはたえず彼女のことを考えていた。ついに，ぼくは彼女に手紙を出し，その中で自分の暮らしのことを彼女に語って聞かせた。
　それ以来多くの歳月が過ぎ，ぼくが手紙を送った少女はぼくの妻になった。

【単語ノート】 никогда́ не 決して一度も…ない，ра́ньше 以前・かつて，уе́хать（完）（乗物で）去る・出発する，посла́ть（完）送る・派遣する，жизнь（女）生活・生命・生涯，пора́（女）時・時期，пройти́（完）（歩いて）通りすぎる・時が経過する

● ポイント

　主格以外の格で用いられる関係代名詞 кото́рый の用法について学びます。関係代名詞の性・数は先行詞に一致しますが，格は，関係代名詞を含む節（従属節）の中で，その関係代名詞がいかなる役割を果たしているかによって決まります。

　また，接頭辞の付いた運動の動詞，およびそれと関連する前置詞の用法についても学びます。

§1　関係代名詞（２）

　まずは，以下の文における関係代名詞の格の用法に慣れてください。

	кото́рый у́чится у нас в университе́те.	主格	кто?
	у кото́рого мы бы́ли вчера́ ве́чером.	生格	у кого́?
Э́то студе́нт,	кото́рому я написа́л письмо́.	与格	кому́?
	кото́рого мы ви́дели на ве́чере.	対格	кого́?
	с кото́рым я учи́лся в шко́ле.	造格	с кем?
	о кото́ром мы говори́ли.	前置格	о ком?
	кото́рая у́чится у нас в университе́те.	主格	кто?
	у кото́рой мы бы́ли вчера́ ве́чером.	生格	у кого́?
Э́то студе́нтка,	кото́рой я написа́л письмо́.	与格	кому́?
	кото́рую мы ви́дели на ве́чере.	対格	кого́?
	с кото́рой я учи́лся в шко́ле.	造格	с кем?
	о кото́рой мы говори́ли.	前置格	о ком?

（手書き注記：先行詞が男性・活動体なので 対格＝生格）

Это студе́нты,	кото́рые у́чатся у нас в университе́те.	主格	кто?
	у кото́рых мы бы́ли вчера́ ве́чером.	生格	у кого́?
	кото́рым я написа́л письмо́.	与格	кому́?
	кото́рых мы ви́дели на ве́чере.	対格	кого́?
	с кото́рыми я учи́лся в шко́ле.	造格	с кем?
	о кото́рых мы говори́ли.	前置格	о ком?

Вчера́ я ви́дел дру́га, бра́та кото́рого я знал уже́ давно́.
昨日お兄さんのことをもうずいぶん前から知っている友人に会った。

Ко мне пришла́ де́вочка, сестра́ кото́рой у́чится в шко́ле вме́сте со мной. お姉さんが私と一緒に学校で学んでいる少女が私のところへやって来た。

Де́ти, кото́рым подари́ли игру́шки, бы́ли о́чень ра́ды.
おもちゃをもらった子供たちは大変喜んだ。

Певе́ц пел пе́сню, кото́рую я никогда́ ра́ньше не слы́шал.
歌手は私が以前に一度も聞いたことのない歌をうたった。

§2 場所（〜で）・方向（〜へ）・起点（〜から）を表す基本的前置詞の対応関係

	〜で где?	〜へ куда́?	〜から отку́да?
施設・建物 地理的空間 など	в＋前置格 в теа́тре	в＋対格 в теа́тр	из＋生格 из теа́тра
	на＋前置格 на заво́де	на＋対格 на заво́д	с＋生格 с заво́да
人	у＋生格 у бра́та	к＋与格 к бра́ту	от＋生格 от бра́та

Вчера́ он был в клу́бе/на по́чте/у них.
昨日彼は，クラブに/郵便局に/彼らのところに行ってきた。

Он идёт в клуб/на по́чту/к ним.
彼は，クラブへ/郵便局へ/彼らのところへ行くところです。

Он пришёл из клу́ба/с по́чты/от них.
彼はクラブから/郵便局から/彼らのところから来た

―Отку́да вы прие́хали?　　あなたはどちらからいらっしゃったのですか。

―Я прие́хал из Япо́нии/с Украи́ны.　日本/ウクライナから来ました。

→ 接頭辞の意味を覚えれば，語彙が豊かになる！

§3　接頭辞の付いた運動の動詞

| в(о)- | 内部への運動 | →идтиはちょっとカタチを変えて -йтиとなる

войти́/входи́ть　　入る　　　въе́хать/въезжа́ть　乗り入れる
внести́/вноси́ть　運び入れる　ввезти́/ввози́ть　輸入する

→ ездитьに接頭辞はつかず，代わりに -езжать となる

| вы- | 外部への運動 |

вы́йти/выходи́ть　出る　　вы́ехать/выезжа́ть　乗物で外へ出る
вы́бежать/выбега́ть　走り出る　вы́везти/вывози́ть　輸出する

| с(о)- | 下方への運動 |

сойти́/сходи́ть　下りる　　сбежа́ть/сбега́ть　駆け下りる

| при- | 目的地への到達 |

прийти́/приходи́ть　来る，着く　прие́хать/приезжа́ть　乗物で来る，着く

принести́/приноси́ть　持ってくる

| **у-** | 離れる(遠ざかる)運動 |

уйти́/уходи́ть　　　去る　　　　　　уе́хать/уезжа́ть　乗物で去る
убежа́ть/убега́ть　走り去る　　　　унести́/уноси́ть　持ち去る

| **под(о)-** | 接近運動 |

подойти́/подходи́ть　近づく　　подъе́хать/подъезжа́ть　乗物で近づく

| **от(о)-** | 離れる(遠ざかる)運動 |

отойти́/отходи́ть　離れる　　　отнести́/относи́ть　持っていく

| **до-** | 到達地点，限界地点（一定の場所までの運動） |

дойти́/доходи́ть　　～まで行く，行き着く

| **пере-** | ある場所から他の場所への移動 |

перейти́/переходи́ть　　横切る，移動する
перее́хать/переезжа́ть　　乗物で渡る，移転する

| **про-** | 通過（ある場所を通りすぎる運動） |

пройти́/проходи́ть　　そばを通る
прое́хать/проезжа́ть　　乗物で通りすぎる

| **о(б)(о)-** | 事物の周囲や全体におよぶ運動 |

обойти́/обходи́ть　　～の周囲を歩く，～を迂回する，～を全部歩き回る

| **за-** | 途中でのついでの運動；事物の背後，陰への運動 |

зайти́/заходи́ть　　ついでに立ち寄る，～の裏へ回る

以上の接頭辞を定動詞に付けると完了体に，不定動詞に付けると不完了体になります。

Когда́ я чита́л газе́ту, он вбежа́л в ко́мнату.
私が新聞を読んでいると，彼が部屋に駆け込んできた。

Он то́лько что вы́шел из библиоте́ки.
彼はたった今図書館から出ていった。

Неда́вно они́ перее́хали в но́вый дом.
最近彼らは新しいアパートに引っ越した。

Моя́ жена́ обошла́ все отде́лы в универма́ге.
私の妻はデパートのあらゆる売り場を歩いて回った。

Вчера́ делега́ция Росси́и прие́хала в То́кио.
昨日ロシアの代表団が東京に到着した。

По́езд подхо́дит.　列車が近づいてくる。

Мы дое́хали на маши́не до грани́цы.　われわれは国境まで車で行った。

Заходи́те, пожа́луйста, ко мне.
どうぞ私のところへお立ち寄りください。

Мне на́до отнести́ кни́гу в библиоте́ку.
図書館に本を持っていかなければならない。

§4　接頭辞 по- の機能

1. 新たな意味を付け加えないで対応の完了体をつくる。
　смотре́ть → посмотре́ть 　обе́дать → пообе́дать

2. 定動詞に付いて，「〜し始める」という意味の完了体をつくる。このとき，対応の不完了体はない。(第11課 §3参照)

идти́	→	пойти́	歩いて出かける
е́хать	→	пое́хать	乗物で出かける
бежа́ть	→	побежа́ть	走り出す

3. 不定動詞あるいは他の不完了体動詞に付いて,「ちょっと，しばらく」という意味の完了体をつくる。このときも，対応の不完了体はない。

ходи́ть	→	походи́ть	少し歩き回る
рабо́тать	→	порабо́тать	ちょっと働く
бе́гать	→	побе́гать	少し走る
гуля́ть	→	погуля́ть	しばらく散歩する
сиде́ть	→	посиде́ть	少し坐っている
чита́ть	→	почита́ть	しばらく読む
есть	→	пое́сть	少し食べる
говори́ть	→	поговори́ть	しばらく話す
пить	→	попи́ть	少し飲む

練習問題 8

1. 関係代名詞 который を適当な形にして下線部に入れ，全文を和訳しなさい。ただし，必要な場合には前置詞を付け加えること。

    1) У Ка́ти есть де́душка, _____ 60 лет.

    2) Дере́вня, _____ живу́т мои́ роди́тели, нахо́дится на берегу́ реки́.

    3) Расскажи́те мне о ва́ших друзья́х, _____ вы ча́сто встреча́етесь.

    4) Карти́ны, _____ вися́т там, написа́л изве́стный ру́сский поэ́т. *висе́ть(不完)вишу́, виси́шь ... вися́т　ぶら下がっている，かかっている

    5) Друг, _____ я получи́л письмо́, живёт на се́вере.

2. (　) 内の指示に従って次の文を書き換えなさい。

    1) В э́том магази́не продаю́тся сувени́ры*. (不定人称文に) *みやげ物

    2) На на́шей у́лице стро́ится но́вая библиоте́ка. (不定人称文に)

    3) Сейча́с два часа́ со́рок пять мину́т. (без を用いて同内容の文に)

    4) Я занима́лся три часа́. (下線部を問う疑問文に)

3. (　) 内の語を適当な形に直しなさい。

    1) — Где ты была́ на про́шлой неде́ле? — Я была́ у (ба́бушка).

    2) — Отку́да она́ идёт? — Она́ идёт из (институ́т).

    3) Сего́дня у́тром он встал в полови́не (седьмо́й).

    4) Мой брат рабо́тает (преподава́тель фи́зики).

    5) По́сле (оконча́ние университе́та) он уе́хал за грани́цу.

4. 和文露訳。

    1) この本はおいくらですか。それは500円です。 円 иена́(女), 500 пятьсо́т

    2) これは私が昨日買ったスカートです。 スカート ю́бка

    3) 彼は立派な（良い）教師になりたいと思っている。

    4) 私にはロシア語をたいへん上手に話す友人がいます。

    5) きみは私たちといっしょに出かけられますか。

第17課 どこかへ行こう

基本テクスト

—Фе́дя, где мы бу́дем обе́дать, в
 フィエージャ グヂィエー ムゥイ ブウーヂィム アビィエーダチィ ヴ

 гости́нице и́ли где́-нибудь в э́том
 ガスチーニィツェ イーリ グヂィエーニブチィ ヴェータム

 райо́не?
 ラィオーニェ

—Недалеко́ отсю́да есть хоро́шая
 ニィダリィコー アトゥスューダ ィエースチィ ハローシャヤ

 столо́вая. Пойдём туда́. Там
 スタローヴァヤ パィヂィヨーム トゥダー タム

 недо́рого и вку́сно.
 ニィドーラガ イ フクウースナ

—Хорошо́. А где она́ нахо́дится?
 ハラショー ア グヂィエー アナー ナホーヂィツァ

—На той стороне́.
 ナトーィ スタラニィエー

(В столо́вой) 形容詞型の名詞
（前置格）

—Фе́дя, посове́туй, что взять
 フィエージャ パサヴィエートゥィ シトー ヴズャーチィ

 на пе́рвое.
 ナピィエールヴァャ

—Сове́тую тебе́ взять борщ.
 サヴィエートゥュ チィビィエー ヴズャーチィ ボールシシ

フェージャ, どこで昼ごはんをたべようか。ホテルにする、それともどこかこのあたりで。

この近くにいい食堂があるんだ。そこへ行こうよ。そこは高くはないし、おいしいんだ。

そうしよう。で、それはどこにあるの。

あちら側だよ。

(食堂で)

フェージャ, スープは何を取ればいいかな。(ファースト・コースに何を取るべきか)

ボルシチを取ればいいよ。

―Хорошо́, а на второ́е?
　　ハラショー　ア　ナフタロ―ャ

わかった, で, メイン・ディッシュは。

― Котле́ты с макаро́нами. Ко́фе бу́дешь пить?
　　カトゥリィエートゥイ　スマカローナミ　コーフェ　ブウーヂィシ　ピーチィ

メンチカツのマカロニ添え(を勧めるよ)。コーヒーは飲むかい。

― Нет, мне хо́чется пить что́-нибудь холо́дное.
　　ニィエートゥ　ムニィエー　ホーチィッツァ　ピーチィ　シトーニブチィ　ハロードゥナャ

（無人称文）

（形容詞を見ればわかるように中性扱い）

いや, 何か冷たいものを飲みたいな。

―Тогда́ лу́чше взять компо́т.
　　タグダー　ルーチシェ　ウズャーチィ　コムポートゥ

それじゃ, コムポートを取るといいよ。

【単語ノート】Фе́дя(男) フェージャ(男の名), где́-нибудь どこか(どこでもいい), райо́н(男) 地区, отсю́да ここから, недо́рого 高くない・安い, вку́сно おいしい, находи́ться（不完）ある・存在する, посове́товать(完) 忠告する　(-овать 動詞), пе́рвое(中) ファースト・コース(スープ類), второ́е(中) メイン・ディッシュ(肉・魚料理), котле́та(女) メンチカツ, макаро́ны(複) マカロニ, хоте́ться(不完) 欲する, что́-нибудь 何か(何でもいい), холо́дный 冷たい・寒い, лу́чше …したほうがよい, компо́т(男) コムポート(ロシア風のフルーツポンチ)

● ポイント

「～しよう」「誰々に～させろ」という意味の命令形, つまり1人称命令形と3人称命令形について学ぶほか, 不定代名詞, 名詞複数形の格変化, さらには動詞不定形を用いた無人称文などを勉強します。

§1　1人称命令形

英語の Let's～に相当する,「一緒に～しましょう」という誘いかけ(勧誘) を表す1人称命令形には, 次の2つのタイプがあります。

※ -теを付けるのは2人称命令形と同じ（ていねいな表現になる⇒第12課§3）

1. 主語なしの完了体未来・不完了体現在1人称複数

   Пойдём(те)!　　　　　　　（さあ）行きましょう。（歩いて）
   Поедем(те)!　　　　　　　行きましょう。（乗物で）
   Будем(те) друзьями!　　　友だちになりましょう。
   Познакомимся!　　　　　　お近づきになりましょう。
   Идём(те) скорее!　　　　 もっと速く歩きましょう。
   Сходим(те)* в кино!　　　映画に行ってきましょう。

   * ここの сходить は сойти の対応の不完了体ではなく，「行ってくる」という往復の意味をもつ完了体動詞（対応の不完了体はない）。

2. давай(те)＋不完了体不定形／完了体未来1人称複数

   Давай(те) играть в теннис!　　　　　　　テニスをしましょう。
   Давай(те) говорить только по-русски!　ロシア語だけで話しましょう。
   Давай(те) поедем на море вместе!　　　いっしょに海へ出かけましょう。
   Давай(те) посмотрим эту выставку!　　 この展覧会を見ましょう。

なお，過去形を用いた次のようなくだけた表現もよく使われます。

   Пошли! / Поехали!　さあ，出かけよう。（歩いて／乗物で）

§2　3人称命令形

「誰々に～させろ」という3人称に対する命令形は，пусть/пускай/да＋不完了体現在3人称／完了体未来3人称の形で表します。

Пусть эта книга лежит на столе.
この本は机の上に置いたままにしておきなさい。

Пускай они пойдут.　彼らに行かせなさい（彼らが行くがいい）。

Пусть всегда будет солнце.　いつも太陽がありますように。（希望）

> Даは荘重な表現に限って用いられる

Пусть она́ е́дет, е́сли хо́чет.　もし彼女が望むなら，行かせるがいい。
Да здра́вствует мир во всём ми́ре!　全世界の平和ばんざい！
Да здра́вствует мо́лодость!　青春ばんざい！

§3　不定代名詞の用法

疑問詞に一定の助詞を付けると，「誰か」「何か」「何らかの」…などの不定代名詞が得られます。

> 変化するのはこの部分だけ

| **-нибудь** | кто́-нибудь 誰か, что́-нибудь 何か, како́й-нибудь 何らかの

任意の人や事物を表します。つまり，誰でもいい誰か，何でもいい何か，という意味です。

また，不定代名詞ではありませんが，где́-нибудь どこかで，куда́-нибудь どこかへ，когда́-нибудь いつか，などの不定副詞を作ります。

これらの不定代名詞・副詞は，ある対象（人やモノ）や状況が存在するかどうかが不確かな場合に用いられます。

Кто́-нибудь звони́л мне?　誰か私に電話してきましたか。

Вы чита́ли каки́е-нибудь но́вые журна́лы?
何か新しい雑誌を読まれましたか。

Ты хо́чешь куда́-нибудь пойти́ за́втра?
明日どこかへ出かけたいかい。

> ⇒第16課§4の3.

否定生格　Нет ли чего́-нибудь почита́ть?　何かちょっと読むものがないですか。

Вы не ви́дели его́ где́-нибудь?　彼をどこかで見かけませんでしたか。

| **-то** | кто́-то 誰か, что́-то 何か, како́й-то 何らかの

任意の人や事物ではなく，直接名指すことのできないある特定の人や事物を表します。つまり，誰か分からない・言えない誰か，何か分からない・言えない何か，という意味です。同じように，где́-то, куда́-то, когда́

-то などの不定副詞を作ります。

　これらの不定代名詞・副詞は，ある対象や状況が存在しているのは確かだが，話者がそれを明らかにできない，あるいは明らかにしたくない場合に用いられます。

　　—Кто́-нибудь звони́л мне? 誰か私に電話してきましたか。
　　—Да, вам кто́-то звони́л. はい，どなたかわかりませんが電話がありました。

　Она́ куда́-то ушла́, но сказа́ла, что ско́ро придёт.
　　彼女はどこかへ出ていったが，すぐに戻ると言っていました。
　Я где́-то его́ ви́дел. どこかで彼に会ったことがある。
　Он кому́-то позвони́л. 彼は誰かに電話した。
　Како́й-то челове́к пришёл к вам.
　　どなたかがあなたのところへ来ました(来ています)。 ⇒第18課§1の2.

§4　動詞不定形の用法

疑問詞＋不定形

　「～すべきか，～したらよいのか」という意味になり，無人称文の述語となります。もちろん，意味上の主語は与格になります。

　　Что де́лать? 何をなすべきか。
　　Что нам де́лать? われわれは何をすべきか。
　　Когда́ мне позвони́ть вам? 私はいつあなたに電話すればいいのでしょうか。
　　Скажи́те, пожа́луйста, как пройти́ к шко́ле?
　　　すみません，学校へはどう行けばいいのですか。
　　Как э́то сказа́ть по-ру́сски? これはロシア語で何といいますか。

лу́чше＋不定形

　лу́чше は既出の мо́жно, нельзя́, на́до, ну́жно などと同じように無人称述語としても用いられ，「～したほうがいい」という意味を表します。本来はのちに習うように，хоро́ший, хорошо́ の比較級です。

Тебе́ лу́чше пойти́. きみは出かけたほうがいい。

Отсю́да в гости́ницу лу́чше е́хать на метро́.
ここからホテルへは地下鉄で行ったほうがいい。

§5 名詞複数形の与格，造格，前置格

名詞の複数形の格変化は生格がやや複雑なだけで，与格，造格，前置格は性に関係なくほとんどすべての名詞が同一の形をとります。

	硬変化	軟変化
与格	-ам	-ям
造格	-ами	-ями
前置格	-ах	-ях

複数形の格変化はとてもラク！

Он посла́л телегра́мму свои́м подру́гам/свои́м ру́сским друзья́м. 彼は自分の女友だちに/自分のロシア人の友人たちに電報を送った。

Он встре́тился со свои́ми подру́гами/свои́ми ру́сскими друзья́ми. 彼は自分の女友だちと/自分のロシア人の友人たちと会った。

Он рассказа́л мне о свои́х подру́гах/свои́х ру́сских друзья́х.
彼は私に自分の女友だちについて/自分のロシア人の友人たちについて語った。

§6 無人称動詞

もっぱら無人称文で用いられる動詞を無人称動詞といい，すでに述べたように，すべての時制で3人称単数のみ使用され，過去では中性形になります（第8課§4参照）。

хоте́ться: хо́чется − хоте́лось 〜したい

Мне хо́чется пить ча́ю. 私はお茶が飲みたい。

ча́й の (部分)生格

Мне очень хочется спать. 私はひどく眠たい。
Вам хочется посмотреть этот фильм? その映画を見たいですか。
Ему хотелось пить и есть. 彼はのどが渇いてお腹がすいていた。
Ей не хотелось ходить туда. 彼女はそこへ行きたくなかった。

прийтись/приходиться : придётся – пришлось/приходится – приходилось
(ある事情で) 〜しなければならない(ならなくなる)

Вам придётся прийти в час. あなたは1時に来なければならないだろう。
Мне пришлось уйти в полночь. 私は真夜中に出発せざるをえなくなった。
Анне приходится/приходилось сидеть дома.
アーンナは家にいなければならない/ならなかった。

следовать : следует – следовало 〜すべきだ, しなければならない
Мне следует закончить работу к вечеру.
晩までに仕事を終えなければならない。
Тебе не следует ходить в такое место.
きみはあんな所に出入りすべきではない。
Больному не следовало выходить из дома.
病人は家から出るべきではなかった。

その他, さまざまな無人称動詞がありますが, そのうち自然現象に関するものをいくつか見ておきましょう。

Рассветает./Рассвело./Рассветёт.
夜が明けつつある/夜が明けた/夜が明けるだろう。
Вечереет. 夕方になる(日が暮れる)。
К вечеру похолодало. 夕方近くに寒くなった。
Здесь дует. ここは風が吹き込む(すきま風が入る)。
На дворе смеркается. 外は夕闇が迫りつつある。

第 18 課

忘れないで！

基本テクスト

Уже́ лет три́дцать я живу́ в Москве́, рабо́таю инжене́ром на заво́де. Жена́ моя́ — учи́тель му́зыки. Когда́ мы познако́мились, она́ в орке́стре игра́ла на роя́ле. Ско́ро мы пожени́лись, и по́сле того́ как у нас роди́лся сын, моя́ жена́ перешла́ в музыка́льную шко́лу. Она́ перешла́ потому́, что там ме́ньше рабо́ты — она́ то́лько три ра́за в неде́лю на рабо́ту хо́дит. И, гла́вное, ей не на́до на гастро́ли е́здить. Она́ хоте́ла, что́бы и сын стал музыка́нтом, но оказа́лось, что у него́ нет спосо́бностей. В меня́, наве́рное.

ぼくはもう 30 年ほどモスクワに住んでいて、工場の技師をしている。ぼくの妻は音楽の教師だ。ぼくらが知り合ったとき、彼女はオーケストラでピアノを弾いていた。やがてぼくらは結婚した。そして、ぼくらに息子が生れると、妻は音楽学校へ転職した。彼女が転職したのは、そちらの方が仕事が少ないからだ——週に 3 回だけ勤務すればいいのだ。それに、肝心なことは、彼女が演奏

旅行に出かけなくてすむということだ。妻は息子にも音楽家になってもらいたいと思っていたが，息子にはその才能がないと分かった。おそらく，ぼくに似たのだろう。

【単語ノート】оркéстр(男) オーケストラ，роя́ль(男) グランドピアノ，пожени́ться(完) 結婚する，музыка́льный 音楽の，мéньше より少ない，гла́вное 重要なことは(挿入語)，гастрóли (複) 公演・客演，чтóбы …するために・するように，музыка́нт(男) 音楽家，оказа́ться(完) …であると分かる，спосóбность(女) 能力・(複)才能，навéрное きっと・たぶん

● ポイント

体の基本的用法については第11課で学びましたが，ここではそれをもう少し発展させて，より具体的なコンテクストにおける体の用法，さらには命令法や不定形での体の用法について学んでゆくことにします。

また，「〜するように，〜するために」という意味をもつ接続詞 чтóбы を用いた文（従属複文）に慣れてもらいます。そのほか，概数の表し方を始め，基本テクストで使われているいくつかの表現にも解説を加えます。

§1　動詞の体（2）

1.　不変の真理を表す不完了体

Земля́ враща́ется вокру́г Сóлнца.
地球は太陽の回りを回転している。

天文用語としての地球や太陽は大文字ではじまる

Вода́ превраща́ется в пар при высóкой температу́ре.
水は高温で蒸気に変わる。

2.　行為の結果が残っていることを表す完了体

Он пришёл ко мне.
彼は私のところへやって来た。（その結果，彼は私のところにいる）

Они́ прие́хали в Япóнию.
彼らは日本へやって来た。（その結果，彼らは今日本にいる）

　　● 上例では，＜来た＞結果が発話時点で残っており，「今ここにいる」Он сейча́с здесь.「今日本にいる」Они́ сейча́с в Япóнии. という意味内容を含んでいる。一方，不完了体を用い Он приходи́л ко мне. Они́ приезжа́ли в Япóнию. とす

ると、「やって来たけれども，また帰っていった」「日本に来たけれども，また去って行った」という意味内容を含む。つまり，Он пришёл и ушёл. Они приéхали и уéхали. ということになり，＜来る＞という行為の結果が消滅している。従って，完了体の方が現在（発話時点）との結びつきが強く，不完了体の方が現在と過去との隔絶性が大きい。

Онá откры́ла окно́.　彼女は窓を開けた。(その結果，今窓は開いている)

Я устáл.　彼は疲れた。(その結果，今私は疲れている)

Ты позвони́л ей?　彼女に電話しておいてくれたかい。

　●この例では，行為の結果が残っているというよりも，結果が達成されたかどうかに話者の関心がある。Ты звони́л ей? (彼女に電話したの，それともしなかったの → 事実の有無の確認) と比較すれば，ニュアンスの差がわかる。

3. 経験を表す不完了体

Я читáл этот расскáз нéсколько лет назáд.
私は数年前にこの短編小説を読んだことがある。

Онá ужé мнóго раз летáла на самолёте.　*разの複数生格*
彼女はもう何度も飛行機に乗ったことがある。

4. 命令法における体の用法

［１回限りの具体的行為についての命令→完了体］

Передáйте, пожáлуйста, соль.　どうか塩を取ってください。

Скажи́те, пожáлуйста, где нахóдится пóчта?
ちょっと伺いますが，郵便局はどこですか。

Покажи́те мне э́ту фотогрáфию.　私にその写真を見せてください。

Открóй окнó.　窓を開けろ。

［動作への着手，催促，勧誘→不完了体］

Почемý вы замолчáли? Говори́те!
なぜ黙り込んだのですか。さあ，話してください。

Ужé вóсемь часóв. Вставáйте.　もう８時だ。そろそろ起きなさい。

Приходи́те к нам в гóсти.　私どものところへ遊びにいらしてください。

Раздевáйтесь, проходи́те.　さあ，コートを脱いで，奥へお入りください。

Сади́тесь, пожáлуйста.　どうぞお掛けください。

［否定の命令形→不完了体］

Бу́дьте добры́, не включа́йте телеви́зор.
すみません，テレビをつけないでください。

Не говори́ ему́ об э́том.　彼にこのことを言わないでくれ。

Не ходи́те туда́.　あそこへ行ってはいけません。

Не забыва́йте нас.　私たちのことを忘れないでください。

　「～するな，～してはいけない」という否定の命令形ではふつう不完了体を用いますが，注意や警告のニュアンスを伴うときに限って完了体が使われます。

Не потеря́й ключ.　鍵をなくさないようにね。

Не забу́дьте купи́ть чёрный хлеб.
黒パンを買うのを(うっかり)忘れないでくださいね。

Смотри́*, не урони́ ва́зу.　注意して。花瓶を落とさないでよ。

Осторо́жно, не упади́те.　気をつけて。(うっかり)転ばないでくださいよ。

　* 文字通りの意味は「見ろ」だが，ここでは「気をつけなさい」という警告の意。Осторо́жно も同じで，「注意しなさい，気をつけて」。

5. 不定形における体の用法

［非願望，否定的意図→不完了体］

Я не хочу́ покупа́ть э́ту кни́гу.　私はこの本を買いたくない。
　●動作の実現を希望する場合は完了体。Я хочу́ купи́ть э́ту кни́гу.

Мне не хо́чется встава́ть.　私は起きたくない。

Мне неинтере́сно обсужда́ть э́тот вопро́с.
この問題を論じるのはつまらない。

　→ Мне интере́сно обсуди́ть э́тот вопро́с.
　　　この問題を論じたらおもしろい。

［禁止，不必要→不完了体］

Здесь нельзя́ кури́ть.　ここは禁煙です。

Не на́до покупа́ть э́ту кни́гу.　この本を買う必要はない。

　→ На́до купи́ть э́ту кни́гу.　この本を買わなければならない。

Ему́ не ну́жно приходи́ть.　彼は来る必要がない。

Уже́ по́здно перестра́ивать свою́ жизнь.
自分の生活を建て直すにはもう遅い。

　　→　Ещё не по́здно перестро́ить свою́ жизнь.
　　　　自分の生活を建て直すのにまだ遅くはない。

Тебе́ вре́дно занима́ться спо́ртом.
きみがスポーツをやるのは体に毒だ。

　　→　Тебе́ не вре́дно заня́ться спо́ртом.
　　　　きみはスポーツをやってみるのもいいだろう。

● нельзя́＋完了体は必ず不可能を表すが，нельзя́＋不完了体の場合は禁止だけではなく不可能を表すこともある。

　　Сейча́с нельзя́ войти́ в ко́мнату.　今，部屋に入ることはできません。
　　Нельзя́ чита́ть, так как нет све́та.　明かりがないので，本が読めない。
　　Нельзя́ входи́ть.　入ってはいけません(立ち入り禁止)。

[動作の着手，促し→不完了体]

Уже́ де́сять часо́в. На́до уходи́ть.
もう10時だ。そろそろおいとましなくては。

Пора́ ложи́ться спать/встава́ть.　そろそろ寝る/起きる時間だ。

[動作の開始・継続・中断・終了を表す動詞とともに→不完了体]
нача́ть/начина́ть, ко́нчить/конча́ть, стать, переста́ть/переставать, прекрати́ть/прекраща́ть, продолжи́ть/продолжа́ть などと結びつく不定形は必ず不完了体を用います。

Он на́чал/ко́нчил/переста́л рабо́тать.
彼は働き始めた/働き終えた/仕事を中断した。

Я прекрати́л кури́ть.　ぼくは煙草をやめた。

Она́ переста́ла слу́шать му́зыку.　彼女は音楽を聞くのをやめた。

Они́ продолжа́ют рабо́тать в лаборато́рии.
彼らは実験室で働き続けている。

Магази́н конча́ет рабо́тать в 19 часо́в.
店は午後7時に営業を終了する。

§2 接続詞 чтобы

接続詞 чтобы の一般的な意味は「～するために，～するように」であり，目的を表す従属節を導いたり，要求・希望・必要を示す動詞などと結びついて補語的従属節を作ったりします。

чтóбы＋動詞不定形 → 接続法のひとつ（⇨第21課）

Он вы́шел и́з дому ра́но у́тром, чтóбы успе́ть на пе́рвый по́езд.　彼は一番列車に間に合うように朝早く家を出た。

［前置詞にアクセントが移り，名詞は無アクセント：特定の前置詞と名詞の間でまれにこの現象が起こる］

Чтóбы купи́ть но́вую маши́ну, я мно́го рабо́тал.
新車を買うために私はたくさん働いた。

Я записа́л а́дрес, чтóбы не забы́ть.
私は忘れないために住所を書き留めた。

● 以上の例では，主節と従属節の動作主が同じ。その場合，従属節の動詞は不定形を用い，その主語は省略される。

Она́ прие́хала в Москву́, чтóбы учи́ться.
彼女は勉強するためにモスクワへやって来た。

● 運動の動詞とともに чтóбы が用いられるのはまれで，その場合は，ふつう Она́ прие́хала в Москву́ учи́ться. というように，чтóбы を省略する。

чтóбы＋動詞過去形 → 接続法のひとつ（⇨第21課）

Я пришёл, чтóбы вы рассказа́ли мне об э́том.
私はあなたにこのことを話してもらうために来たのです。

Я попроси́л дру́га, чтóбы он помо́г мне.　対格（訳にまどわされて与格にしないこと）
私は友人に手伝ってくれるように頼んだ。

Он о́чень хо́чет, чтóбы и сын изучи́л ру́сский язы́к.
彼は息子にもロシア語を学んでほしいと強く思っている。

［他動詞なので対格支配］

● 以上の例では，主節と従属節の動作主が異なる。その場合，主節の時制に関係なく，従属節の動詞は必ず過去形を用いる。

Я говорю́ ему́ об э́том, чтóбы он не забы́л. ―（現在）
彼が忘れないようにこのことを話しているんだ。

Я сказа́л ему́ об э́том, чтóбы он не забы́л. ―（過去）
彼が忘れないようにこのことを話したんだ。

Я скажу́ ему́ об э́том, что́бы он не забы́л. — (未来)
彼が忘れないようにこのことを話しておこう。

§3 概数の表し方

概数を表すには，副詞 приблизи́тельно や前置詞 о́коло (生格支配) を用いる以外に，数詞と名詞の語順を入れ換える方法があります。

Я рабо́тал ― приблизи́тельно пять часо́в.　私はおよそ5時間働いた。
　　　　　├─ о́коло пяти́ часо́в.
　　　　　└─ часо́в пять.

Мы с ним пришли́ о́коло двух часо́в/часа́ в два.
私と彼は2時ごろ着いた。

Меня́ попроси́л незнако́мый челове́к, кото́рому бы́ло лет три́дцать.　私は年のころ30ぐらいの見知らぬ人に尋ねられた。

§4 次の表現を覚えましょう

● 楽器を演奏する　→　**игра́ть на чём** (前置格)

Ната́ша хорошо́ игра́ет на роя́ле/скри́пке.
ナターシャはピアノ/バイオリンの演奏が上手だ。

Я люблю́ игра́ть на гита́ре.　私はギターを弾くのが好きだ。

● スポーツ, ゲームをする　→　**игра́ть во что** (対格)

Они́ игра́ют в футбо́л/волейбо́л.　彼らはサッカー/バレーボールをしています。

Они́ на́чали игра́ть в ка́рты.　彼らはトランプをやり始めた。

● ～につき　→　**в＋対格**

два ра́за в день/в неде́лю/в ме́сяц　1日に/1週間に/1か月に　2回

Ско́лько раз в год ты хо́дишь в кино́?
きみは年に何回映画を見に行きますか。

● 肉親間での相似　→　**в＋対格**

Она́ хара́ктером/лицо́м в мать.　彼女は性格が/顔が母親似だ。

(欄外: 複数生格に注意)

練習問題 9

1. （完了体／不完了体）のいずれか一方の体を適当な形にして下線部に挿入し，かつ全文を和訳しなさい。

1) （зайти́／заходи́ть）Това́рищ _____ ко мне, но меня́ не́ было до́ма. Ко мне _____ това́рищ, и мы смотре́ли с ним телеви́зор.

2) （откры́ть／открыва́ть）У́тром я _____ окно́, но сейча́с в ко́мнате опя́ть ду́шно*. ＊息苦しい，蒸し暑い

3) （помо́чь／помога́ть）— Вам _____ ? — Нет, спаси́бо, _____ мне не на́до.

4) （написа́ть／писа́ть）Что же* ты не пи́шешь? _____ ! _____ ему́, что́бы он пришёл на бу́дущей неде́ле. ＊なぜ，どうして（口語）

2. （　　）内の動詞を必要に応じて適当な形に直し，かつ全文を和訳しなさい。

1) Мы хоти́м посети́ть* музе́й Толсто́го, что́бы （познако́миться）с жи́знью вели́кого** писа́теля. ＊(完)訪問する ＊＊偉大な

2) Муж сказа́л жене́, что́бы она́ （дать）сы́ну телегра́мму. Муж пошёл на телегра́ф, что́бы （дать）жене́ телегра́мму.

3) Учи́тель сказа́л, что́бы все де́ти （прийти́）на экску́рсию, потому́ что экску́рсия бу́дет интере́сная.

4) Сестра́ написа́ла, что на́ши роди́тели （пое́хать）в санато́рий. Сестра́ написа́ла, что́бы на́ши роди́тели （пое́хать）в санато́рий.

3. （　　）内の語句を正しい形に改め，かつ全文を和訳しなさい。

1) На той вы́ставке мо́жно уви́деть рабо́ты （вели́кие ру́сские худо́жники）.

2) Мы показа́ли наш заво́д （молоды́е инжене́ры）.

3) Позавчера́ на ве́чере я познако́мился с （э́ти но́вые студе́нты）.

4) Я купи́л кни́гу об （изве́стные архите́кторы*）, кото́рые стро́или э́ти зда́ния. ＊建築家

5) Они́ спроси́ли （свои́ преподава́тели）, когда́ бу́дут экза́мены.

第 19 課

より美しい

基本テクスト

—Попроси́те, пожа́луйста, Никола́я Серге́евича к телефо́ну.

ニコラーイ・セルゲーエヴィチさんを電話口までお願いします。

—Я слу́шаю. Кто говори́т?

はい、私です。どちら様ですか。

—Меня́ зову́т Томоко Ямада, аспира́нтка университе́та Ива́тэ. У меня́ для вас пода́рок от профе́ссора Накадзи́мы.

山田とも子と申します。岩手大学の大学院生です。中島教授からあなたへのプレゼントを預かってきています。

—О, пра́вда? Спаси́бо большо́е. Когда́ и где вам удо́бнее встре́титься?

おお、本当ですか。どうもありがとうございます。いつ、どこでお会いするのがご都合いいでしょうか。

—Сейча́с я на Кропо́ткинской у́лице. Как мне лу́чше к вам дое́хать?

私はいまクロポトキン通りにいます。お宅へはどう行けばよろしいでしょうか。

—Сади́тесь на 15-ый авто́бус. Я вас встре́чу на остано́вке, у метро́ ≪Арба́тская≫.

15番のバスに乗ってください。地下鉄の「アルバーツカヤ」駅のそばの停留所まで，迎えに参ります。

—Спаси́бо. А как мы друг дру́га узна́ем?

ありがとうございます。で，お互いをどうして見分ければいいのでしょうか。

(手書き: брю́ки はつねに複数形 (→第4課§4))

—Я бу́ду в се́рых брю́ках и голубо́й руба́шке.

私はグレーのズボンをはいて，水色のシャツを着ていきます。

—А на мне джи́нсы, кра́сная ку́ртка и рюкза́к.

私の方はジーンズに赤いジャンパーを着て，リュックサックをかついでいます。

【単語ノート】пра́вда 本当だ;(女)真実, удо́бно 快適な・都合のよい, остано́вка(女) 停留所, друг дру́га お互いに, узна́ть(完) 知る・識別する, се́рый 灰色の, джи́нсы(複) ジーンズ, ку́ртка(女) ジャンパー, рюкза́к(男) リュックサック

● ポイント

形容詞と副詞の比較級を中心に学びます。それ以外には，「お互いに」という意味を表す друг дру́га の用法，服装や身につけているものに関する表現，さらに日本語のロシア文字への転写法などがこの課の学習項目です。お待たせしました，あなた自身の姓名や住所をロシア語で書いてみてください。

§1 比較級の作り方

合成比較級

> бо́лее, ме́нее ～ 型

形容詞（長語尾形および短語尾形）や副詞の原級のまえに，бо́лее（より～だ），ме́нее（より～でない）を付け加えます。合成比較級はすべての性質を表す形容詞から作られます。

 бо́лее краси́вый/краси́вая/краси́вое/краси́вые より美しい

 бо́лее краси́в/краси́ва/краси́во/краси́вы より美しい

 бо́лее краси́во より美しく

 ме́нее сло́жный/сло́жная/сло́жное/сло́жные より複雑ではない

 ме́нее сло́жен/сложна́/сло́жно/сло́жны より複雑ではない

 ме́нее сло́жно より複雑ではなく

単一比較級

> -ее(ей) 型

語幹に接尾辞 -ее または -ей を付け加えます（-ей のほうが口語的）。

 краси́вый/краси́во － краси́вее тёплый/тепло́ － тепле́е

 бе́лый/бе́ло － беле́е тру́дный/тру́дно － трудне́е

アクセントの位置は女性短語尾形のアクセントの位置と一致します。

 краси́вый － краси́ва － краси́вее

 но́вый － нова́ － нове́е до́брый － добра́ － добре́е

> -е 型

語幹末の子音と語尾をとって，-же, -че, -ше, -ще を付け加えます。

 дорого́й/до́рого － доро́же кре́пкий/кре́пко － кре́пче

 ти́хий/ти́хо － ти́ше чи́стый/чи́сто － чи́ще

このタイプのものは語幹末に，-г, -к, -х, -д, -т, -ст という子音があり，つぎのような規則性をもっています。

 -х → -ше сухо́й － су́ше 乾いた

 -г, -д → -же стро́гий － стро́же 厳しい

-к, -т → -че　　гро́мкий − гро́мче　大声の

-ст　→ -ще　　чи́стый − чи́ще　きれいな

ただし，語幹末に -дк, -тк, -зк, -ок がくる場合は，これらの子音が脱落します。

ре́дкий − ре́же　まれな，珍しい　　коро́ткий − коро́че　短い

ни́зкий − ни́же　低い　　　　　　　высо́кий − вы́ше　高い

不規則　型　（原級と比較級の形がまったく異なるもの）

хоро́ший/хорошо́ − лу́чше　良い　　плохо́й/пло́хо − ху́же　悪い

ма́ленький/мале́нько − ме́ньше　小さい　ма́ло − ме́ньше　少ない

мно́го − бо́льше　多い　→ большо́й (大きい) の比較級でもある

単一比較級は性・数・格による変化がありません。

単一比較級は形容詞にも，副詞にもなります。（形容詞と副詞が同じ形）

§2　比較の対象の表し方

比較の対象の表し方には以下の2通りあります。

① **比較級, чем＋主格**　←　合成比較級も単一比較級も使えます。

Э́тот рома́н бо́лее интере́сный, чем тот (рома́н).
この小説はあの小説よりおもしろい。

Э́тот рома́н интере́снее, чем тот (рома́н).
この小説はあの小説よりおもしろい。

Та студе́нтка ме́нее спосо́бна, чем э́та.
あの女子学生はこの女子学生より能力が劣る。

Он ста́рше, чем я.　彼は私より年上だ。

Я моло́же, чем он.　私は彼より若い　＞ ста́рший (年上の)

Ва́ша авторучка лу́чше, чем моя́.
あなたの万年筆は私のより上等だ。

155

Ле́гче сказа́ть, чем сде́лать.　言うは易く，行うは難し。(諺)

Лу́чше по́здно, чем никогда́.　遅くともしないよりはまし。(諺)

[リィエー74з]

② 比較級＋生格　←　単一比較級しか使えません。

Э́тот рома́н интере́снее того́ (рома́на).

Он ста́рше меня́.

Я моло́же его́.

Москва́ бо́льше Санкт-Петербу́рга.
モスクワはサンクト・ペテルブルグより大きい。

比較級＋生格で，実質上，最上級を表す次のような表現もよく使われます。всего は всё (すべてのもの) の，всех は все (すべての人) のそれぞれ生格です。

Что вам нра́вится бо́льше всего́?　あなたの一番好きなものは何ですか。

Мне бо́льше всего́ нра́вится моро́женое.
私は何よりもアイスクリームが好きです。

Я люблю́ тебя́ бо́льше всех.　私は誰よりもきみを愛している。

Лу́чше всего́ замолча́ть.　黙るのが一番だ。

Она́ моло́же всех.　彼女は一番若い。(誰よりも若い)

§3　比較における数量・程度の差の表し方

на＋対格

Он ста́рше/моло́же меня́ на три го́да.
彼は私より3歳年上/年下だ。

Он вы́ше меня́ на го́лову.　彼はぼくより頭一つ分背が高い。

Я пришёл на де́сять мину́т ра́ньше, чем она́.
私は彼女より10分早く来た。

§4 比較の程度を表す接頭辞 по- と若干の副詞

単一比較級に по- を付けると「もう少し」「なるべく，できるだけ」という意味が付加されます。

Приходи́те к нам поча́ще. → ча́сто（しばしば）の比較級
もう少し(できるだけ)頻繁に私たちのところへお出でください。

Я люблю́ чай покре́пче.　私はもうちょっと濃いお茶が好きです。

比較級とともによく使われる副詞には次のようなものがあります。

  гора́здо　はるかに　 мно́го　はるかに　 ещё　さらに
  не́сколько　いくらか　 немно́го　少し

Я гора́здо/немно́го ста́рше её.　私は彼女よりずっと/少し年上です。

Она́ ста́ла ещё краси́вее.　彼女はさらに（いっそう）きれいになった。

§5 お互いに друг дру́га の用法

Они́ хорошо́ зна́ют друг дру́га.　彼らはお互いをよく知っている。

Они́ писа́ли друг дру́гу.　彼らは互いに手紙のやりとりをしていた。

Они́ познако́мились друг с дру́гом.　彼らは互いに知り合った。

Они́ о́чень похо́жи друг на дру́га.　彼らは互いに大変よく似ている。

Дава́йте бу́дем помога́ть друг дру́гу!　お互いに助け合いましょう。

最初の друг は変化せず，力点もありません。あとの друг は動詞や前置詞の格支配に従って変化します。前置詞は両者の間に置かれます。

§6 服装や身につけるものに関する表現

<u>в</u> ＋前置格（着衣・身につけるもの）

студе́нтка в очка́х/шля́пке　眼鏡をかけた/帽子をかぶった女子学生

157

человéк в пальтó/бéлой рубáшке　オーバー/白いワイシャツを着た人
Онá былá в жёлтом плáтье.　彼女は黄色いワンピースを着ていた。

на ＋前置格 (人・身体の一部)

На ней бы́ло жёлтое плáтье.　彼女は黄色いワンピースを着ていた。
На пáльце у негó золотóе кольцó.　彼は指に金の指輪をはめている。
На нём всегдá джи́нсы.　彼はいつもジーンズをはいている。

§7　日本語のロシア語への転写法

あ	а	и	у	э	о	わ	ва			
か	ка	ки	ку	кэ	ко	が	га	ги	гу	гэ	го
さ	са	си	су	сэ	со	ざ	дза	дзи	дзу	дзэ	дзо
た	та	ти	цу	тэ	то	だ	да	дзи	дзу	дэ	до
な	на	ни	ну	нэ	но						
は	ха	хи	фу	хэ	хо	ば	ба	би	бу	бэ	бо
ま	ма	ми	му	мэ	мо	ぱ	па	пи	пу	пэ	по
や	я		ю		ё						
ら	ра	ри	ру	рэ	ро	ん	н				
きゃ	кя		кю		кё	みゃ	мя		мю		мё
しゃ	ся		сю		сё	じゃ	дзя		дзю		дзё

（要注意！ ― つ/цу, ふ/фу）

1. 表では省略した，「にゃ・にゅ・にょ」「りゃ・りゅ・りょ」…などの拗音 (ゃ, ゅ, ょを小さく添えて表す音) は кя, кю, кё にならう。
2. 促音「っ」は子音を重ねて表す。　札幌 Саппоро, 鳥取 Тоттори
3. 「ん」の後に母音がくるときは，硬音記号 ъ で区切る。
　　健一 Кэнъити, 万葉集 Манъёсю
4. (アイ), (エイ) など母音の後に (イ) の音が来る場合は и の代わりに й を書くことがある。　北海道 Хоккайдо, 明治 Мэйдзи
5. 「よ」は慣用的に ио と綴ることがある。Токио, Киото
　　また，語頭では Йо となることもある。　横須賀 Йокосука

第 20 課

もっとも美しい

基本テクスト

≪Праздная жизнь не может быть чистой≫, - говорит один из героев Чехова - доктор Астров. Чехов верил в великую силу труда, верил в людей труда. Он мечтал о лучшем будущем своей родины, мечтал о времени, когда вся Россия станет прекрасным садом.

Жизнь писателя была коротка, но произведения его сыграли огромную роль в развитии русской и мировой литературы. ≪В течение последних двадцати лет самым могучим магнитом для молодых писателей многих стран был Чехов≫, - писал Д. Голсуорси. Знаменитый английский

актёр　Л. Оливье́ говори́т о ро́ли до́ктора А́строва
アクチョール　アリィヴィエー　ガヴァリートゥ　アローリィ　ドークタラ　アーストゥラヴァ

в ≪Дя́де Ва́не≫ как о свое́й са́мой люби́мой ро́ли.
ヴヂャーヂィ　ヴァーニィ　カーク　アスヴィエーィ　サーマィ　リュビーマィ　ローリ

（最上級）

　「無為の生活は清らかな生活ではあり得ない」，とチェーホフの主人公の一人医師アーストロフが言っています。チェーホフは労働の偉大な力を信じていました，勤労者を信じていました。彼は自分の祖国のより良き未来を熱望し，ロシア全土が美しい庭園になる時を夢見ていました。
　作家の生涯は短かったけれども，彼の作品はロシア文学と世界文学の発展に巨大な役割を果たしました。「この 20 年間にわたって，多くの国々の若い作家たちにとって最も強力な磁石であったのはチェーホフである」，と J．ゴールズワージが書きました。有名な英国の俳優 L．オリビエは，『ワーニャ叔父さん』の医師アーストロフの役を，彼自身の最も好きな役だと語っています。

【単語ノート】пра́здный 何もしない・無為の，до́ктор（男）医者（呼びかけ・称号として），ве́рить（不完）信じる，труд（男）労働，бу́дущее（中）未来，огро́мный 巨大な，роль（女）役割・(芝居などの)役，разви́тие（中）発達，мирово́й 世界の，тече́ние（中）流れ・時の経過，могу́чий 強力な，магни́т（男）磁石・(引きつける)人やモノ，для ＋生 …のために;…にとって，знамени́тый 有名な，актёр（男）俳優

● ポイント

　形容詞の最上級の作り方とその用法について学びます。他と比較して程度がいちばん大きい，あるいは小さいことを表す最上級にはいくつかの形がありますが，ここではそのうちの主要なものについて見ていきます。
　関係副詞など，基本テキストの理解に必要な個々の事項を解説します。

§1　最上級

1）最上級の作り方

　最上級にも，比較級と同じように，単一式と合成式があります。

　合成最上級

　　са́мый＋原級

са́мый は形容詞長語尾の前におかれ，形容詞と同様の変化をします。

са́мый краси́вый го́род　　　もっとも美しい都市

са́мая краси́вая карти́на　　もっとも美しい絵

са́мое краси́вое о́зеро　　　もっとも美しい湖

са́мые краси́вые го́ры　　　もっとも美しい山々

この形式はいちばんよく使われるもので，定語的用法と述語的用法の両方が可能です。

Э́то са́мый краси́вый го́род. (定語的)　これはもっとも美しい都市です

Э́тот го́род са́мый краси́вый. (叙述的)　この都市はもっとも美しい。

са́мый 以外にも，наибо́лее（程度が大きい場合），наиме́нее（程度が小さい場合）を形容詞長語尾の前におく形式がありますが，これらは文語的で，主として書き言葉で用いられます。

> **単一比較級＋生格**　　（第 19 課 §2 の②参照）

Э́та конфе́та вкусне́е всех конфе́т.　＜все конфе́ты

　　　　　　　всех други́х конфе́т.　＜все други́е конфе́ты

　　　　　всех остальны́х конфе́т.＜все остальны́е конфе́ты

このキャンディーは，すべてのキャンディーより／他のすべてのキャンディーより／残りのすべてのキャンディーよりおいしい。

この形式には述語的用法しかありません。ただし，副詞として用いることは可能です。次の「最上級の用法」を参考にしてください。

単一最上級

> **語幹＋-ейший/-айший**

краси́вый － краси́вейший　　удо́бный － удобне́йший

си́льный － сильне́йший　　 но́вый － нове́йший

- ●-ейший 型のアクセントは，-ее 型の比較級の場合と同様，女性短語尾形のアクセントの位置と同じ。
- ●語幹末に г, к, х のある形容詞は -айший を付け加える。なお，このとき子音の交替が起こる。アクセントは必ず -айший の -а にある。

　　высо́кий － высоча́йший　　стро́гий － строжа́йший

　　ти́хий － тиша́йший

●現代ロシア語においては，単一最上級は格調の高い文章語など，一部の特殊な文体や慣用句を除けば，次第に用いられることが少なくなってきている。日常的な口語体では合成式の方が一般的。

2）最上級の用法

Фудзисан—самая высокая гора в Японии.
富士山は日本で一番高い山です。

Байкал—самое глубокое озеро в мире.
バイカル湖は世界で一番深い湖です。

мирには「世界」「平和」の２つの意味がある

Этот студент способнее всех студентов.
この学生はどの学生よりも有能だ。

Здоровье дороже всего. 健康が一番大事だ。

Что вам нравится больше всего?
あなたの一番好きなものは何ですか。

Мне больше всего нравится кататься на машине.
私はドライブが一番好きです。

Из современных японских писателей больше всех я люблю Кэндзабуро Оэ. 日本の現代作家のなかで，大江健三郎が一番好きです。

Самое главное—это мир. 一番大切なもの，それは平和だ。

形容詞の長語尾中性形は抽象名詞になる：новое「新しいもの（こと）」

§2 関係副詞

場所を表す関係副詞

Это дом, где я жил раньше. これは私がかつて住んでいた家です。

= Это дом, в котором я жил раньше.

Деревня, где она родилась, находится на севере.
彼女が生まれた村は北部にある。

= Деревня, в которой она родилась, находится на севере.

Дере́вня, куда́ она́ е́здила, нахо́дится на се́вере.
彼女が行ってきた村は北部にある。

= Дере́вня, в кото́рую она́ е́здила, нахо́дится ...

В го́роде, отку́да он прие́хал, мно́го заво́дов.
彼が（そこから）やって来た町には多くの工場がある。

= В го́роде, из кото́рого он прие́хал, мно́го заво́дов.

Я пойду́ туда́, где она́ живёт. 私は彼女が住んでいる所へ行きます。

Я бу́ду там, где она́ живёт. 私は彼女が住んでいる所へ行きます。

時を表す関係副詞

У́тро, когда́ он вы́шел и́з дому, бы́ло тёплое.
彼が家を出た朝は暖かだった。

Я никогда́ не забу́ду того́ дня, когда́ впервы́е уви́дел Чёрное мо́ре. 私は初めて黒海を見た日を決して忘れないだろう。 ※否定生格

● никогда́ не ...（決して…ない，一度も…ない）という否定の表現に注意。
ロシア語では，英語の never などと違って，否定の小詞 не を伴う。「誰も…ない」，「何も…ない」はそれぞれ никто́ не ...，ничто́ не ... となる。

Никто́ не пришёл. 誰も来なかった。

Я никого́ не ви́дел там. そこで誰にも会わなかった。 ※否定生格

Я ничего́ не де́лал. 何もしなかった。

Там никого́/ ничего́ не́ было. そこには誰もいなかった/何もなかった。 ※否定生格

§3 〜のうちの一つ

英語の one of them に相当する，特定の種類や群れの中の一人・一つを表すロシア語は次のようになります。

| оди́н/одна́/одно́/одни́ из ＋名詞（代名詞）の複数生格 |

оди́н из них/нас 彼らのうちの/我々のうちの一人

оди́н из студе́нтов/одна́ из студе́нток

163

男子学生のうちの/女子学生のうちの一人

одно́ из пи́сем　　手紙のうちの一通

из のあとにおかれる名詞の性・数によって оди́н/одна́/одно́/одни́ を使い分けます。

Санкт-Петербу́рг — оди́н из са́мых краси́вых городо́в в ми́ре.
サンクト・ペテルブルグは世界で最も美しい都会のうちの一つです。

Во́лга — одна́ из са́мых больши́х рек в ми́ре.
ヴォルガ川は世界で最も大きい川のうちの一つです。

§4　基本テクストの解説

- ≪пра́здная жизнь не мо́жет быть чи́стой≫, ... вся Росси́я ста́нет прекра́сным са́дом, са́мым могу́чим магни́том для молоды́х писа́телей мно́гих стран был Че́хов の下線部は述語としての造格の用法（第14課§3参照）。
- ве́рить（不完）/пове́рить（完）

1. 「～が真実であることを信じる，～の言うことを信じる，～を信用（信頼）する」このときは与格を支配。

    Он ве́рит жене́.　彼は妻を信頼している。

    Я тебе́ не ве́рю.　ぼくはきみの言うことを信じない。（きみを信用しない）

2. 「～の価値，存在，実現を信じる（確信する）」このときは в＋対格。

    Мы ве́рим в побе́ду.　我々は勝利を確信している。

    Я ве́рю в бо́га.　私は神の存在を信じている。

- 「～として（資格）」を表す接続詞 как

    Че́хов как писа́тель　作家としてのチェーホフ

    Я говорю́ о Че́хове как о писа́теле.
    私は作家としてのチェーホフについて語っているのだ。

    Она́ прие́хала в Москву́ как тури́ст.
    彼女は旅行者としてモスクワへやって来た。

練習問題 10

1. 例にならって，以下の質問に肯定の答えをしなさい。

   (例) Апельси́н вкусне́е, чем лимо́н?　Да, апельси́н вкусне́е лимо́на.

   1) Вода́ в реке́ холодне́е, чем вода́ в о́зере?
   2) Зимо́й ночь длинне́е, чем день?
   3) Расска́з коро́че, чем рома́н?
   4) Оте́ц ста́рше, чем сын?
   5) Чемода́н тяжеле́е, чем су́мка?

2. 例にならって，以下の文を書き換えなさい。

   (例) Оте́ц ста́рше ма́тери.　　Сего́дня бы́ло тепле́е, чем вчера́.
   　　　　↓　　　　　　　　　↓
   　　Мать моло́же отца́.　　Вчера́ бы́ло холодне́е, чем сего́дня.

   1) Я пришёл ра́ньше вас.　　　　　　　ра́ньше ⇔ по́зже
   2) Он быва́ет здесь ча́ще, чем я.　　　ча́ще ⇔ ре́же
   3) Ви́ктор говори́т по-испа́нски лу́чше Та́ни.
   4) Но́вый текст ле́гче, чем ста́рый.
   5) Москва́ бо́льше Ки́ева.

3. (　) 内の語を適当な形に直し，かつ全文を和訳しなさい。

   1) Э́та кни́га интере́снее (все кни́ги), кото́рые я чита́л.
   2) Но́вое зда́ние Моско́вского госуда́рственного* университе́та— одно́ из (са́мые высо́кие зда́ния) Москвы́.

   　　　　　　　　　　　　　　　　　　　　* госуда́рственный 国の，国立の

   3) Зо́я и Ни́на ча́сто встреча́ются друг с (друг) и всегда́ помога́ют друг (друг).
   4) Ле́на явля́ется (са́мая дли́нная река́) в Росси́и.
   5) Когда́ я был в Ленингра́де, я посети́л тот дом, где жил Достое́вский.

第 21 課

晴れたらいいな

基本テクスト

ОТРЫ́ВОК ИЗ ПИСЬМА́ М. ГО́РЬКОГО К СЫ́НУ

Ты уе́хал, а цветы́, поса́женные тобо́й, оста́лись и расту́т. Я смотрю́ на них, и мне прия́тно ду́мать, что мой сыни́шка оста́вил по́сле себя́ на Ка́при не́что хоро́шее — цветы́.

　Вот е́сли бы ты всегда́ и везде́, всю свою́ жизнь оставля́л для люде́й то́лько хоро́шее — цветы́, мы́сли, сла́вные воспомина́ния о тебе́, — легка́ и прия́тна была́ бы твоя́ жизнь. Тогда́ ты чу́вствовал бы себя́ всем лю́дям ну́жным, и э́то чу́вство сде́лало бы тебя́ бога́тым душо́й.

> M. ゴーリキーの息子への手紙（抜粋）
>
> 　おまえは去って行ったが，おまえの植えた花は残り，育っている。私はそれら(の花)を眺め，わが息子がカプリ島に何か良いもの ― 花 ― を残していってくれた，と思うと愉しい気持ちになる。
>
> 　こんなふうに，お前が生涯にわたって，いつでもまたどこにいても，人びとのためにただ良いものだけを ― 花や思想やおまえの輝かしい思い出を ― 残していくなら，おまえの人生は軽やかで，愉快なものになるだろう。そうなれば，自分がすべての人びとにとって必要な人間だと感じるだろう。そして，その感覚がおまえを心豊かな人間にしてくれるだろう。

【単語ノート】поса́женный 植えられた（被動形動詞過去），расти́(不完) 成長する，сыни́шка (男) 息子(愛称形)，оста́вить(完)/оставля́ть(不完) 残す，себя́ 自分自身，Ка́при(男・不変) カプリ，не́что 何かあるもの，мысль(女) 考え・思想，сла́вный すばらしい，воспомина́ние(中) 思い出，бы 助詞(過去形などとともに接続法をつくる)，чу́вствовать(不完) 感じる，ну́жный 必要な，чу́вство(中) 感情・感覚，бога́тый 豊かな・富んだ

● ポイント

　第18課§2で少し触れた接続法（仮定法，条件法などとも呼ばれます）について学びます。なんだか難しそうに思われるかもしれませんが，英語やフランス語に較べると，その形は比較にならないほど簡単ですので，自信をもって取り組んでください。

　再帰代名詞 себя́ の用法についても学習します。

§1　接続法とは

　接続法とは，現実に反したある条件のもとで起こり得る（あるいは起こり得た）と想定されることがらを表現する方法です。要するに，非現実的な条件を設定するための表現法です。

　　　接続法の基本型は　　бы ＋ 動詞過去形　　となります。

　ロシア語の接続法は時制のいかんにかかわらずつねに бы ＋過去形になります。どの時制であるかは文脈によって判断するしかありません。

Если бы у меня было время { вчера / сегодня / завтра }, я пошёл бы на концерт.

	昨日		あったなら		出かけたのだが…
もし	今日	時間が	あれば	私はコンサートに	出かけるのだが…
	明日		あるなら		出かけるのだが…

　上例では，実際には，昨日は時間がなかった，今日は時間がない，明日も時間がないことが確定しているのです。このような状況のもとで，「もしあったら」と仮定するときに接続法が用いられます。

　それに対して Если у меня будет время завтра, я пойду на концерт. は直説法の文であって，明日は時間があるかどうかわからないが，もしあったら，ということになります。

§2　接続法の用法

1. 仮定

Если бы завтра была хорошая погода, мы поехали бы за город.　もし明日いい天気なら，私たちは郊外に行くのだが。

Если бы ты не помог мне, я не решил бы эту задачу.
もしきみが手伝ってくれなければ，ぼくはこの問題を解けないだろう/解けなかっただろう。

　● Если ～, ... という構文の仮定を表す部分（条件節）や帰結の部分の一方が省略される場合も多い。

　　Если бы вы знали!　もしあなたが知っていてくれたなら！

　　Я бы пошёл с удовольствием.　私は喜んで出かけたいのだが。

Я был бы очень рад, если бы она зашла ко мне завтра.
もし彼女が明日ぼくのところへ来てくれたら，たいへんうれしいのだが。

　● бы は動詞の直後か前におかれるが，前におかれる場合は бы と動詞の間に他の語句が入ることもある。次のいずれもが正しい文である。

Я с удово́льствием пошёл **бы**.　　Я с удово́льствием **бы** пошёл.

Я **бы** с удово́льствием пошёл.

2. **願望・提言**（直説法よりはていねいな表現になる）

Я хоте́л бы прочита́ть э́тот журна́л.
その雑誌を読みたいのですが。

Мне хоте́лось бы попроси́ть вас говори́ть погро́мче.
もう少し大きな声で話してくださるようお願いしたいんですが。

Ты бы позвони́л ему́.　彼に電話すればいいのに。

Проясни́лось бы!　晴れたらいいな。　［無人称動詞］

Вы рассказа́ли бы мне, как живёте в но́вой кварти́ре.
新居でいかがお過ごしかお聞かせ願えないでしょうか。

То́лько бы не́ было войны́!　戦争さえなければいいのに。　［否定生格］

3. **что́бы を伴って，目的や希望を表す**（第18課§2参照）

Врач сказа́л, что́бы я принима́л э́то лека́рство два ра́за в день.
医者は，私が一日に２回この薬を飲むように言った。

　★目的を表すときは для того́, что́бы もよく用いられる。

　　Я сказа́л ему́ об э́том для того́, что́бы он не забы́л.

Я хочу́, что́бы вы прочита́ли э́тот расска́з.
あなたにこの短編小説を読んでもらいたい。

4. **譲歩**　疑問詞＋бы＋ни

Кто бы ни пришёл, говори́те, что я не до́ма.
誰が来ても，私は留守だと言ってください。

Ско́лько бы я его́ ни попроси́л, он не согласи́лся бы.
私がいくら頼んでみても，彼はうんとは言わないだろう。

5. **その他の接続法**

不定法＋бы，無人称述語＋бы も接続法となり，無人称文を作ります。

Пое́хать бы на мо́ре!　海に行きたいものだ。

Ну́жно бы навести́ть больно́го.　病人を見舞わなくてはなるまい。

§3 再帰代名詞 себя

※よく見かけるドアの標示：
от себя「（自分から）押す」
к себе「（自分の方へ）引く」

再帰代名詞 себя は動作が動作主に向けられることを示し，自分自身を表します。格変化と用法は以下のとおりですが，себя には主格がなく，従って主語になることはありません。

себя（生）　себе（与）　себя（対）　собой（造）　о себе（前）

Как вы себя чу́вствуете?　ごきげん（ご気分）いかがですか。

Я чу́вствую себя хорошо́/пло́хо.　私は気分が良い／悪い。

Она́ пригласи́ла меня́ к себе́ домо́й.
彼女は私を自宅に招待してくれた。

Сейча́с он у себя́ до́ма.　今彼は自分のうちに（自宅に）います。

А́нна купи́ла себе́ но́вое пла́тье.
アーンナは自分用に新しいドレスを買った。

● А́нна купи́ла но́вое пла́тье という文でも常識的には上と同じ意味になるが，厳密には，誰か他の人に買ってやったとも考えられるので，「自分用に」ということを明示したければ себе を用いるのがよい。

Он всегда́ ду́мает то́лько о себе́.
彼はいつでも自分のことしか考えない。

Я никогда́ не ношу́ с собо́й мно́го де́нег.
私は決して大金を持ち歩かない。

ところで，自分の顔や手足を洗うという動作は，ロシア語ではどう表現するのでしょうか。「洗う」は умы́ть（完）/умыва́ть（不完）なので，умы́ть/умыва́ть себя（自分自身を洗う）と言いたいところですが，残念ながらそうはならずに，умы́ться/умыва́ться と СЯ 動詞を用います。実は СЯ の正体が себя だったのです。СЯ 動詞の基本的意味の一つが再帰（動作が動作主に向かうこと）であるということが，これで納得できるでしょう。

（例）оде́ться/одева́ться 服を着る　побри́ться/бри́ться 髭を剃る

第22課

眠れる森の美女

基本テクスト

1) Объясняя новое сложное правило, наш преподаватель давал много примеров.

   [不完了体副動詞]
   [-тельで終わる名詞は男性名詞！]

   新しい複雑な規則を説明しながら、私たちの先生はたくさんの例を出しました。

2) Закончив работу, Володя позвонил своему другу.

   [完了体副動詞]

   仕事を終えてから、ヴァロージャは自分の友だちに電話をかけました。

3) На международном симпозиуме выступал известный учёный, изучающий эту проблему.

   [能動形動詞現在]

   国際シンポジウムで、この問題を研究している有名な学者が発言（講演）しました。

4) Писа́тель, написа́вший э́тот рома́н, о́чень
    ピサーチィリィ　ナピサーフシィ　エータトゥ　ラマーン　オーチィニィ

популя́рен среди́ япо́нских студе́нтов.
パプゥリャーリィン　スリィヂィー　イポーンスキフ　ストゥヂィエーンタフ

この（長編）小説を書いた作家は日本の学生の間でたいへん人気がある。

(書き込み：написа́вший の上に「能動形動詞過去」、左側に「出没母音に注意！」)

【単語ノート】пра́вило(中) 規則，приме́р(男) 例・見本，междунаро́дный 国際的な，симпо́зиум(男) シンポジウム，выступа́ть(不完) 登場する・演説する・発言する，пробле́ма(女) 問題，популя́рный 人気のある，среди́ ＋生 …の間で・…の中で

● ポイント

　いよいよ大詰めです。この課と次の課では，英語の分詞に相当する副動詞と形動詞を中心に学んでいきます。これらは，一部を除いて，口語体ではあまり使われませんが，文語体（書き言葉）ではなくてはならない重要なもので，これを理解しないとロシア語の文章がまったく読めない，と言っても過言ではありません。いずれ，文学作品や科学文献や新聞などを原語で読みたいと願っている人は，とくに心して取り組んでください。

　まず，この課では副動詞（ほぼ英語の分詞構文に当たります）と能動形動詞（現在分詞に当たります）の作り方およびその用法を説明します。最初は，あまり形式的なことにこだわらず，副動詞や形動詞が文中で果たしている機能・役割を理解するよう努めましょう。

§1　副動詞

　副動詞とは動詞から派生した副詞であり，元の動詞が持っていた性質（動詞の格支配など）を引き継いで，文中では副詞句として機能し，時・原因・理由・条件・附帯的状況などを表します。つまり，動詞と副詞の両方の機能を併せ持っています。

　副動詞はいわゆる副動詞構文（ほぼ英語の分詞構文に相当します）を形成します。

　副動詞は，不完了体副動詞と完了体副動詞の2つに分かれます。

§2　副動詞の作り方

1．不完了体副動詞

> 不完了体動詞の現在語幹　＋　-я*

＊語幹が ж，ч，ш，щ などで終わる場合は正書法の規則によって -а となる。

不定形	現在語幹	副動詞	基本的意味（〜しつつ）
читáть	читá-ют	читá-я	読みながら
говори́ть	говор-я́т	говор-я́	話しながら
слы́шать	слы́ш-ат	слы́ш-а	聞き（耳にし）ながら
занимáться	занимá-ются	занимá-ясь	従事しながら
ложи́ться	лож-áтся	лож-áсь	横になりながら
идти́	ид-у́т	ид-я́	歩いて行きながら

● 特殊な例として，-дава-，-знава-，-става- という綴りのあるものは不定形から -ть をとって，-я を付ける。

давáть	да-ю́т	давá-я	与えながら
узнавáть	узна-ю́т	узнавá-я	知りながら
вставáть	встаю́т	вставá-я	起きながら

быть の副動詞　：　бу́дучи

2．完了体副動詞

> 完了体動詞の過去語幹＋-в［まれに -вши］（母音のあと）
> ＋-ши（子音のあと）

СЯ 動詞の完了体副動詞はつねに -вшись（母音のあと），-шись（子音のあと）となる。

不定形	過去語幹	副動詞	基本的意味（〜して）
прочитáть	прочитá-л	прочитá-в(ши)	読み終わって
сказáть	сказá-л	сказá-в(ши)	言って
закóнчить	закóнчи-л	закóнчи-в(ши)	終えて

（現代標準ロシア語ではほとんど使用されない）

верну́ться	верну́-лся	верну́-вшись	帰って
принести́	принёс	принёс-ши	持って来て

不定形が -ти で終わる完了体動詞では，以下の例のように不完了体副動詞と同じ -а, -я をつけることの方が多い．

不定形	未来語幹	副動詞	基本的意味
принести́	принес-у́т	принес-я́	持って来て
прийти́	прид-у́т	прид-я́	やって来て
привести́	привед-у́т	привед-я́	導いて来て
войти́	войд-у́т	войд-я́	入って

§3 副動詞の用法

1. 不完了体副動詞　(⇨ 基本テクスト 1))

副動詞で表される行為と述語動詞の表す行為が同時に行われることを示します．なお，副動詞は言ってみれば副詞と同じなので，性・数・格によって変化することはありません．

Си́дя на дива́не, он чита́л кни́гу.
Си́дя на дива́не, он чита́ет кни́гу.
Си́дя на дива́не, он бу́дет чита́ть кни́гу.

ソファーに坐りながら ｛ 彼は本を読んでいた．
彼は本を読んでいる．
彼は本を読んでいるだろう．

英語の分詞構文とは異なり，ロシア語の副動詞構文においては，副動詞の表す動作の主体と文の主語とはつねに同一です．

Они́ шли, разгова́ривая.　彼らは話しながら歩いていた．
Гуля́я в па́рке, они́ встре́тили друзе́й.
公園を散歩しているとき，彼らは友人に会った．

Она́ сиде́ла на дива́не, чита́я журна́л.
彼女は雑誌を読みながらソファーに腰掛けていた。

Вы мо́жете улу́чшить своё произноше́ние, чита́я вслух ка́ждый день.
毎日声を出して読めば，自分の発音を改善することができます。

Занима́ясь спо́ртом, он стал здоро́вым челове́ком.
スポーツをやっていたおかげで，彼は健康な人間になった。

副動詞を含む副詞句では動作主と接続詞が省略されますが，どんな接続詞が省略されているのか，どんな接続詞を補えばよいのか，を判断するにはコンテクストによるしか方法はありません。

2. 完了体副動詞 (⇒ 基本テクスト 2))

副動詞で表される行為が述語動詞の表す行為に先立って完了したことを示します。

Зако́нчив рабо́ту, он отдыха́л.
он отдыха́ет.
он бу́дет отдыха́ть.

仕事を終えてから { 彼は休んだ。
彼は休む（休んでいる）。
彼は休むだろう。

Прочита́в кни́гу, она́ отнесла́ её в библиоте́ку.
本を読み終えてから，彼女はそれを図書館へ返しに行った。

Войдя́ в ко́мнату, я откры́л все о́кна.
部屋に入ってから，私はすべての窓を開けた。

Она́ уе́хала, не сказа́в ни одного́ сло́ва.
彼女は一言も言わずに去って行った。

Верну́вшись из путеше́ствия по Росси́и, он рассказа́л мне об э́той стране́.
ロシア旅行から帰って来てから，彼は私にその国について話してくれた。

Получив письмо от матери, он сразу ответил ей.
母親から手紙をもらうとすぐに彼は返事を出した。

Прочитав эту книгу, вы узнаете много интересного.
この本を読めば、たくさんのおもしろいことを知るでしょう。

> интересное 形容詞の名詞化（⇒第20課§1のメモ）

узнать（完）　узнавать（不完）	открыть（完）
知る，情報を得る，認識する，識別する	開ける
узна́ю　узна́ем ｜ узнаю́　узнаём	откро́ю　откро́ем
узна́ешь　узна́ете ｜ узнаёшь　узнаёте	откро́ешь　откро́ете
узна́ет　узна́ют ｜ узнаёт　узнаю́т	откро́ет　откро́ют

§4　形動詞（1）— 能動形動詞

　形動詞とは動詞から派生した形容詞であり，動詞と形容詞の機能を併せ持つ。能動形動詞と被動形動詞の2つがあり，さらにそれぞれに現在と過去があります。

　形動詞はほぼ英語の分詞 participle に相当します。

要するに3人称複数現在の人称語尾の -т をとり、その代わりに -щий を加える

1. 能動形動詞の作り方
能動形動詞現在（不完了体動詞から作られる）

不完了体動詞の現在語幹＋-ющий (-ущий)	（第Ⅰ式変化）
＋-ящий (-ащий)	（第Ⅱ式変化）

чита́ть	чита́-ют	чита́-ющий	読んでいる（ところの）
писа́ть	пи́ш-ут	пи́ш-ущий	書いている
дава́ть	да-ю́т	да-ю́щий	与えている
говори́ть	говор-я́т	говор-я́щий	話している
лежа́ть	леж-а́т	леж-а́щий	横たわっている
занима́ться	занима́-ются	занима́-ющийся	従事している

能動形動詞過去（完了体・不完了体動詞の両方から作られる）

動詞の過去語幹	+	-вший	（母音のあと）
	+	-ший	（子音のあと）

※文字の違いに注意！
現在щ ↔ 過去ш

читáть	читá-л	читá-вший	読んでいた（ところの）
прочитáть	прочитá-л	прочитá-вший	読み終わった
писáть	писá-л	писá-вший	書いていた
написáть	написá-л	написá-вший	書き終わった
принести́	принёс	принёс-ший	持って来た
помóчь	помóг	помóг-ший	助けた
верну́ться	верну́-лся	верну́-вшийся	帰った

● идти́ の能動形動詞過去は шéдший となる。従って，прийти́，войти́，уйти́ などの能動形動詞はそれぞれ，пришéдший，вошéдший，ушéдший となる。

2. 能動形動詞の用法　(⇨ 基本テクスト 3),4))

形動詞は動詞から派生した形容詞ですから，形容詞と同じように名詞を修飾しますが，その際，関係する名詞と性・数・格が一致します。

спя́щий мáльчик　　　　　　　игрáющий мáльчик
眠っている少年　　　　　　　　遊んでいる少年

спя́щая красáвица　　　　　　игрáющая дéвочка
眠っている美女　　　　　　　　遊んでいる少女

мáльчик, читáющий кни́гу　本を読んでいる少年

мáльчик, прочитáвший кни́гу　本を読んでしまった少年

形動詞が単独で名詞を修飾する場合は，名詞の前に形動詞をおきますが，補語や状況語を伴う場合には，ふつう，コンマで区切って後ろから名詞を修飾します。

Э́то поэ́т, написáвший хорóшие стихи́.

Мы бы́ли в гостя́х у поэ́та, написáвшего хорóшие стихи́.

Мы подари́ли цветы́ поэ́ту, написáвшему хорóшие стихи́.

Я хорошó знáю поэ́та, написáвшего хорóшие стихи́.

有名なバレー曲『眠れる森の美女』は《Спящая красавица》

Она́ знако́ма с поэ́том, написа́вшим хоро́шие стихи́.

Они́ говори́ли о поэ́те, написа́вшем хоро́шие стихи́.

形動詞構文は関係代名詞を用いて書き換えることができます。上の6つの例文を書き換えると次のようになります。

Э́то поэ́т

Мы бы́ли в гостя́х у поэ́та

Мы подари́ли цветы́ поэ́ту

Я хорошо́ зна́ю поэ́та   , кото́рый написа́л хоро́шие стихи́.

Она́ знако́ма с поэ́том

Они́ говори́ли о поэ́те

Дочь ви́дит мать, гото́вящую обе́д.
娘は食事の準備をしている母親を見ています。

Я пригласи́л на конце́рт студе́нтов, интересу́ющихся му́зыкой.
私は音楽に興味を持っている学生たちをコンサートに招待した。

Студе́нты, занима́ющиеся* ру́сской литерату́рой, устро́или литерату́рный ве́чер.
ロシア文学を学んでいる学生たちが文学の夕べを催した。

* ся 動詞の -ся は，形動詞のときには例外的に，母音のあとでも -сь とならず -ся のまま。

練習問題 11

1. （　）内の動詞不定形を副動詞に改め，かつ全文を和訳しなさい。

1) （Приходи́ть） ко мне, он ча́сто прино́сит интере́сные цветны́е слайды* и фотогра́фии.   * цветно́й слайд　カラースライド

2) （Посмотре́ть） но́вый фильм, она́ рассказа́ла о нём подру́ге.

3) （Сде́лать） упражне́ния, они́ на́чали чита́ть текст.

4) （Име́ть） мно́го вре́мени, мы реши́ли пойти́ на вокза́л пешко́м.

2. （　）内の動詞不定形を指示に従って形動詞に改め，かつ全文を和訳しなさい。(能形現，能形過はそれぞれ能動形動詞現在および過去を表す)

1) Я чита́л о М.В.Ломоно́сове, （созда́ть）* пе́рвый ру́сский университе́т.　（能形過）　　　　　　　　　　　*創造する，創立する

2) Я попроси́л свою́ сестру́, хорошо́ （знать） ру́сский язы́к, перевести́ мне э́тот текст.　（能形現）

3) Вы не ска́жете, где остано́вка авто́буса, （идти́） в центр?（能形現）

4) Вы не заме́тили* пи́сьма, （лежа́ть） на столе́?（能形過）
　　　　　　　　　　　　　　　　　　　　　　* заме́тить　気づく

5) Студе́нты, （учи́ться） на четвёртом ку́рсе, должны́ написа́ть дипло́мную рабо́ту.*　（能形現）　　　* дипло́мная рабо́та　卒業論文

3. 関係代名詞を含む以下の文を，時制に注意しながら形動詞を用いて書き換えなさい。

1) Друг, кото́рый подари́л мне кни́гу, живёт в Ло́ндоне.

2) В Ру́сском музе́е, кото́рый явля́ется одни́м из лу́чших музе́ев ми́ра, мно́го прекра́сных карти́н.

3) Дай мне ру́чку, кото́рая лежи́т на столе́.

4) У певца́, кото́рый испо́лнил* ру́сские наро́дные пе́сни, хоро́ший го́лос.　　　　　　　　　　　　　　　* испо́лнить　演ずる，演奏する

5) Он говори́л о роди́телях, кото́рые живу́т во Владивосто́ке.

第 23 課

失われた楽園

基本テクスト

1) В про́шлом году́ у́мер молодо́й рок-музыка́нт,
   フプローシラム　ガドゥー　ウーミル　マラドーィ　ローク　ムゥズゥィカーントゥ

   люби́мый молодёжью.
   リュビームゥィ　マラヂョージュ　　　被動形動詞現在

   昨年，若者に愛されている若いロック・ミュージシャンが死んだ。

2) Ка́ждый ве́чер мы смо́трим после́дние
   カージドゥィ　ヴィーチィル　ムゥイ　スモートゥリム　パスリィエードゥニャ

   изве́стия, передава́емые по телеви́зору.
   イズヴィエースチャ　ピリィダヴァーィムゥィヤ　パチィリィヴィーザルウ
   　　　　　　　　　　　　　　　　　　　　　　被動形動詞現在

   毎晩，私たちはテレビで放送される最新のニュースを見ます。

3) Я с больши́м интере́сом прочита́л расска́з,
   ヤー　ズバリィシゥイーム　インチィリィエーサム　プラチタール　ラスカース

   напи́санный молодо́й япо́нской писа́тельницей.
   ナピーサンヌゥィ　マラドーィ　イポーンスカィ　ピサーチィリィニツェィ
   　　　被動形動詞過去

   私は若い日本の女性作家によって書かれた短編小説をたいへん興味深く読んだ。

4) Она́ купи́ла но́вое пла́тье в магази́не, откры́том
   アナー　クピーラ　ノーヴァャ　プラーチャ　ウマガズィーニェ　アトゥクルゥイータム
   　　　　　　　　　　　　　　　　　　　　　　　　　　被動形動詞過去

   неда́вно на на́шей у́лице.
   ニィダーヴナ　ナナーシェィ　ウーリツェ

   彼女は最近われわれの街にオープンした（開かれた）店で新しいワンピース

を買った。

5) Э́та статья́ напи́сана изве́стным учёным.
　　エータ　スタチィヤー　ナピーサナ　イズヴィエースヌィム　ウチョーヌィム

この論文は有名な学者によって書かれた。

※手書き注: 被動形動詞過去（短語尾）

【単語ノート】умере́ть（完）死ぬ，рок-музыка́нт（男）ロック・ミュージシャン，молодёжь（女）若者・青年男女，после́дний 最後の・最新の，изве́стие（中）知らせ・通報，писа́тельница（女）女性作家

※手書き注: 過去：у́мер, умерла́, у́мерло, у́мерли

● ポイント

　前課につづいて形動詞を学びます。被動形動詞にも現在と過去があり，被動形動詞現在は不完了体他動詞から，被動形動詞過去は主として完了体他動詞から作られます。
　能動形動詞は長語尾形しかありませんが，被動形動詞は性質形容詞と同様，長語尾形と短語尾形があり，被動相を構成します。つまり受け身の文で用いられ，英語の過去分詞と同じような役割を果たします。
　基本テキストからも分かるように，ロシア語の受け身の文では，被動形動詞の表す動作の主体は造格で示されます。

§1　形動詞（2）— 被動形動詞

1. 被動形動詞の作り方

被動形動詞現在　「〜されている（ところの）」（⇒ 基本テキスト1),2)）

※手書き注: 要するに，1人称複数現在(мы)の形に -ый を加える

| 不完了体他動詞の現在語幹 | ＋ -ем-ый（第Ⅰ式変化） |
| | ＋ -им-ый（第Ⅱ式変化） |

чита́ть	чита́-ем	чита́-ем-ый	読まれる（ところの）
изуча́ть	изуча́-ем	изуча́-ем-ый	研究される
организова́ть	организу́-ем	организу́-ем-ый	組織される
люби́ть	лю́б-им	люб-и́м-ый	愛される
производи́ть	произво́д-им	производ-и́м-ый	生産される

181

●特殊な例として，-дава-, -знава-, -става- という綴りのあるものは不定形から -ть をとって，-емый を付け加える。

| давáть | (даём) | давá-емый | 与えられる（ところの） |
| признавáть | (признаём) | признавá-емый | 認められる |

被動形動詞過去　「～された（ところの）」（⇒ 基本テクスト 3), 4)）

（主として）完了体 他動詞の過去語幹	＋ -нный （語幹が母音で終わる場合）*
	＋ -енный, -ённый （語幹が子音で終わる場合）
	＋ -тый

どの型になるかは、それぞれの動詞について、そのつど辞書で確認!!

*過去語幹が -и で終わる場合は -и を -е/ё に変えて -нный を加える。

прочитáть	прочитá-л	прочи́та-нный※	読まれた（ところの）
написáть	написá-л	напи́са-нный※	書かれた
изучи́ть	изучи́-л	изу́че-нный※	研究された
постро́ить	постро́и-л	постро́е-нный	建てられた
принести́	принёс	принес-ённый※	持って来られた
откры́ть	откры́-л	откры́-тый	開けられた
уби́ть	уби́-л	уби́-тый	殺された

※アクセントの移動するものが多い!

子音の交替

-ить 型の第Ⅱ式変化動詞では，1人称単数変化のときと同様，子音の交替が頻繁に起こります。

встрéтить	встрéчу	встрéченный	会われた
возврати́ть	возвращу́	возвращённый	返された
изобрази́ть	изображу́	изображённый	描写された
брóсить	брóшу	брóшенный	投げられた
купи́ть	куплю́	ку́пленный	買われた
постáвить	постáвлю	постáвленный	置かれた

2. 被動形動詞の短語尾形 (⇒ 基本テクスト 5))

現在	-мый	→	-м, -ма, -мо, -мы
過去	-нный*	→	-н, -на, -но, -ны
	-тый	→	-т, -та, -то, -ты

*-нный 型の短語尾形では -н が一つ脱落するので，十分注意すること。なお，-ённый 型の短語尾形のアクセントは必ず最終音節にある。

(例) решить/решённый : решён, решена́, решено́, решены́

чита́емый : чита́ем, чита́ема, чита́емо, чита́емы

прочи́танный : прочи́тан, прочи́тана, прочи́тано, прочи́таны

принесённый : принесён, принесена́, принесено́, принесены́

откры́тый : откры́т, откры́та, откры́то, откры́ты

● 短語尾が用いられるのはもっぱら過去の方で，被動形動詞現在の短語尾はほとんど使用されない。

3. 被動形動詞の用法

прочи́танная кни́га　　　読まれ(てしまっ)た本

напи́санное письмо́　　　書かれ(てしまっ)た手紙

прочи́танная мной кни́га　　私によって読まれた本

напи́санное им/ей письмо́　　彼／彼女によって書かれた手紙

Вопро́с решён им/ей. 問題は彼／彼女によって解かれた。

＝Он/Она́ реши́л/реши́ла вопро́с.

Окно́ откры́то. 窓は開けられた（開いている）。

Окно́ бы́ло откры́то. 窓は開けられていた。

Окно́ бу́дет откры́то. 窓は開けられているだろう。

Ле́кция, прочи́танная профе́ссором А, была́ ужа́сно ску́чна.

＝Ле́кция, кото́рую прочита́л профе́ссор А, была́ ужа́сно ску́чна. A教授が行った講義はひどく退屈だった。

Пóвесть, переведённая* э́тим писа́телем, мне о́чень понра́вилась.

= Пóвесть, кото́рую перевёл э́тот писа́тель, мне о́чень понра́вилась.

この作家が翻訳した中編小説はとても私の気に入った。

* 未来語幹が子音に終わる次のような動詞の被動形動詞は、未来語幹 + -енный/-ённый となる。

привести́	привед-у́	привед-ённый	導かれた
перевести́	перевед-у́	перевед-ённый	翻訳された
найти́	найд-у́	найд-енный	発見された

Он рабо́тал на а́томной электроста́нции, постро́енной в Черно́быле.

= Он рабо́тал на а́томной электроста́нции, кото́рую постро́или в Черно́быле.

彼はチェルノブイリに建設された原子力発電所で働いていた。

Э́та коро́бка сде́лана из де́рева. ← 生格支配；材料を示す

この箱は木でできている（木から作られている）。

В переводи́мой мной кни́ге, а́втор расска́зывает о жи́зни в Сре́дней А́зии.

私が訳している本の中で，著者は中央アジアの生活について物語っている。
└ （直訳）私によって訳されている本

英文学を代表する叙事詩，ミルトン Ми́льтон 作『失楽園』（失われた楽園）"Paradise Lost" は，被動形動詞を用いて ≪Потéрянный рай≫ と訳されています。言うまでもなく，потеря́ть は「失う」を意味する完了体他動詞です。

Ф.М.Достое́вский の長編小説に『虐げられた人々』というのがありますが，原題は ≪Уни́женные и оскорблённые≫ で，文字通りには「卑しめられ辱められた人々」という意味です。

потéрянный, уни́женный, оскорблённый は本来，動詞から派生した形動詞ですが，辞書によると独立した形容詞として扱っているものも少なく

ありません。このように，形動詞が形容詞に転化し，さらにそれが名詞に転化している例も多く見られます。

§2 形動詞の形容詞・名詞への転化

形容詞

сле́дующий день	> сле́довать	次の日
блестя́щий тала́нт	> блесте́ть	輝かしい才能
настоя́щее вре́мя	> настоя́ть	現在
в бу́дущем году́	> быть	来年（に）
да́нный вопро́с	> дать	所与の問題
наш люби́мый поэ́т	> люби́ть	私たちの好きな詩人

名詞

слу́жащий	> служи́ть	勤め人，サラリーマン
трудя́щийся	> труди́ться	勤労者
уча́щийся	> учи́ться	学生（学んでいる人）
бу́дущее	> быть	未来，将来
и́збранное	> избра́ть	選集
да́нные	> дать	資料，データ

（да́нные に注記：つねに複数）

以上の例は最終的に名詞に転化したものですが，それ以外のものでも，形容詞と同じように容易に名詞に転化します。その場合，形容詞のあとに人やモノを表す名詞が省略されている，と考えておけばいいのです。

прису́тствующий	出席している	→ прису́тствующие	（複）出席者
люби́мый	愛されている	→ люби́мый, люби́мая	恋人
и́збранный	選ばれた	→ и́збранные	（複）エリート

Утопа́ющий хвата́ется за соло́минку.
溺れる者はワラをもつかむ。(諺)

Сде́ланного не воро́тишь.*
やってしまったことは取り返しがつかない。(諺)

* ты を省略した現在・未来2人称単数形は，動詞の示す動作や行為が任意の主体に(誰にでも)適用されうることを表します。そして，この述語動詞を含む文を**普遍人称文**と呼び，ことわざなどで多く用いられます。

  Ти́ше е́дешь, да́льше бу́дешь. 急がば回れ。(諺)
  Что посе́ешь, то и пожнёшь. まいた種は刈り取らねばならない。(諺)

練習問題 12

1. 例にならって，右欄の動詞の被動形動詞過去（長語尾または短語尾）を下線部に挿入しなさい。

（例）В э́той па́пке лежа́т фотогра́фии, сде́ланные мои́м бра́том.

Фотогра́фии сде́ланы мои́м бра́том.

1) А́нна чита́ет письмо́, _____ из до́ма. получи́ть

Э́то письмо́ _____ неде́лю наза́д.

2) Докуме́нты _____ ре́ктором. подписа́ть

Докуме́нты, _____ ре́ктором, лежа́т на столе́.

3) Наш университе́т _____ в 1945 году́. созда́ть

Мы у́чимся в университе́те, _____ в 1945 году́.

4) Мне нра́вится кинотеа́тр, _____ неда́вно откры́ть

недалеко́ от на́шего до́ма.

Э́тот кинотеа́тр _____ ме́сяц наза́д.

2. 右欄の動詞の能動形動詞過去または被動形動詞過去を下線部に入れて文を完成しなさい。また，それぞれの文を和訳しなさい。

1) Я зна́ю архите́ктора*, _____ э́тот дом. постро́ить

Там стои́т дом, _____ по прое́кту**э́того

архите́ктора. *建築家　**設計

2) На столе́ лежа́т кни́ги, _____ студе́нтом. забы́ть

Студе́нт, _____ кни́ги, верну́лся в аудито́рию.

3) Де́вушка, _____ нам дверь, у́чится с на́ми. откры́ть

Мы вошли́ в _____ дверь.

4) В рома́не ≪А́нна Каре́нина≫, _____ Толсты́м, написа́ть

отражено́* вре́мя, в кото́рое жил писа́тель.

Писа́тельница, _____ э́ту кни́гу, прие́хала

к нам в институ́т.　　　　* отражённый > отрази́ть 反映する

187

練習問題解答編

練習問題 1 (p. 30)

1.
1) Да, это метро. / Нет, это не метро.
2) Да, это Саша. / Нет, это не Саша.
3) Да, она врач. / Нет, она не врач.
4) Да, я студент. / Нет, я не студент.
5) Да, он русский. / Нет, он не русский.

2.
1) Да, он дома.　2) Да, оно там.　3) Да, он слева.
4) Да, она здесь.　5) Да, она напротив.

3.
1) – (Где) Саша?　　　　　　　　サーシャはどこにいますか。
　 – Он там.　　　　　　　　　　彼はあそこにいます。
　 – А Анна?　　　　　　　　　　それでは、アーンナは。
　 – (Она) тоже там.　　　　　　彼女も(また)あそこにいます。

2) – Это книга?　　　　　　　　これは本ですか。
　 – (Да), это книга.　　　　　　はい、これは本です。
　 – А это что?　　　　　　　　では、これは何ですか。
　 – (Это) словарь.　　　　　　これは辞書です。

3) – Это книга?　　　　　　　　これは本ですか。
　 – (Нет), это тетрадь.　　　　いいえ、これはノートです。
　 – (Где) книга?　　　　　　　本はどこにありますか。
　 – Она справа.　　　　　　　それは右側にあります。

4) – (Кто) впереди?　　　　　　前にいるのは誰ですか。
　 – Впереди Виктор.　　　　　前にいるのはヴィークトルです。
　 – Он учитель?　　　　　　　彼は教師ですか。
　 – Нет, он не учитель, а студент.　いいえ、彼は教師ではなく学生です。

練習問題 2 (p. 43)

1.
1) делаете, слушаю: あなたはいま何をしているのですか。 いま私はラジオを聞いています。
2) знает: マサオはよくロシア語を知っています。
3) стоит, стоит: テーブルはどこにありますか。それは左側にあります。
4) изучаешь, изучаю: きみは何を学んでいますか。私は日本語を学んでいます。
5) говорят: 彼らはまだロシア語を話すのが下手だ。

2.　1) ваша, моя　　2) Эта　　3) Этот, тот

188

  4) Твоя 5) её

3. 1) Чьё это письмо? 2) Чьи это часы? 3) Чья это ручка?
  4) У вас / тебя есть магнитофон? 5) У него есть сестра?

4. 1) учебники 2) комнаты 3) учительницы 4) инженеры
  5) газеты 6) собрания 7) письма 8) словари
  9) станции 10) подруги

練習問題 3 (p. 58)

1. 1) жила: かつて私の家族はモスクワに住んでいました。
  2) учился, учился: ビークトルはどこで勉強していたのですか。彼はキエフで勉強していました。
  3) были: 昨日彼らは映画館へ行ってきた。
  4) сидела, читала: アーンナは部屋の中にいて（で腰掛けて）雑誌を読んでいた。
  5) был: 昨日の朝、私の父は郵便局へ行ってきた。

2. 1) красный: これはどんな鉛筆ですか。それは赤鉛筆です。
  2) новая: 彼はどんな車を持っていますか。彼は新車を持っています。
  3) этом, нём: あなたはこの学生のことを話しましたか。はい、私は彼のことを話しました。
  4) эта, нашей: この本は何に関する本ですか。私たちの国に関するものです。
  5) наши, новые: あそこにいるのは誰ですか。あそこにいるのは私たちの新しい学生たちです。

3. 1) Он будет сегодня вечером.
  2) Обычно я занимаюсь / мы занимаемся в библиотеке.（Я обычно занимаюсь... という語順でも可）
   ★ロシア語の語順は、格変化が発達しているおかげで、かなり自由がきく。ただし、質問に対する答えでは、<u>答えの中心になる語句を後回しにするのが原則</u>。
  3) Они были в магазине. 4) Его зовут Саша.
  5) Он рассказывал о своём брате.

4. 現在変化： возвращаюсь, возвращаешься, возвращается, возвращаемся, возвращаетесь, возвращаются
  過去変化： возвращался, возвращалась, возвращалось, возвращались

練習問題 4 (p. 73)

1. 1) русскую литературу 2) Кого, учителя 3) книжный магазин
  4) мою сестру, её 5) его, Его

2. 1) Я люблю классическую музыку.
  2) Вчера он смотрел телевизор.
  3) Они идут в библиотеку.

189

4) Сегодня утром она была на этой площади.
5) На собрании были Анна и Елена.
　　⇒ кто はつねに男性単数扱い。

3. 1) いまユーラは家へ手紙を書いています。　彼は自分の祖国のことを考えています。
2) 昨日私の妹は学校に行かなかった。　というのは、インフルエンザにかかったからです。
3) 女子学生たちは誰に質問していますか。　彼女らは若い教授に質問しています。
4) あなたの両親はどんな映画を見たのですか。　彼らは新しいアメリカ映画を見ました。
5) 昨日は天気が悪かった。　一日中雨が降っていた。

練習問題 5 (p. 89)

1. 1) моего брата: 私の兄には息子と娘がいる。
2) вас, меня, времени: あなたはお時間が (ひま) がありますか。いいえ、私には時間がありません。
3) Чья, моей сестры: これは誰の本ですか。これは私の姉の本です。
4) известного художника: 昨日の朝、私たちは駅で有名な画家に会った。
5) кого, его друга: 誰が車を持っていますか。彼の友人が車を持っています。
　　⇒ここの его は所有代名詞。人称代名詞ではない。

2. 1) университете　2) Достоевского, Чехова　3) России, сентябре
4) математики　5) студента, студенток, профессора

3. 1) идёт, идёт, идут　2) едет　3) хожу　4) ездил
5) едете, еду

練習問題 6 (p. 103)

1. 1) читал, читал, читал, прочитал　2) делал, сделал
3) получает, получила　4) покупать, покупал, покупать, купил
5) решал, решил

2. 1) будет учить　2) буду заниматься　3) куплю　4) забудем

練習問題 7 (p. 120)

1. 1) вашей сестре, Ей: あなたの妹さんはおいくつですか。彼女は17歳です。
2) своим братом: きみは誰と映画に行ったの。ぼくは自分の弟と映画に行ったんだ。
3) жене: 彼は誰にプレゼントをあげたのですか。彼は妻にプレゼントをあげました。
4) лимоном: 何を入れてお茶を召し上がりますか。レモンティーにします。
5) тебе: きみにはこの黒いコートがとても似合うと思います。

2. 1) Чем пишет Юра сочинение?　2) Где они обедают обычно?
3) Кому она купила галстук?　4) На каком факультете вы учитесь/

190

ты учишься?   5) Чем занимается Нина?

3. 1) который: 昨日私たちの町にやって来た友人に電話しなければならない。
2) которая: むこうに座っている娘は（大学の）2年生です。
3) которое: テーブルの上にある手紙を持ってきて下さい。
4) которые: きみは食堂に向かっているあの学生たちを知っているの。
5) который: この長編小説を書いた作家は私たちの村で生まれました。

4. 1) Оно（Это платье）стоит сто двадцать рублей пятьдесят копеек.
2) Ему（Его отцу）пятьдесят два года.
3) На вечере я встретился/встретилась с известным актёром.
    ⇨ 言うまでもなく男性と女性では動詞の語尾が変わる。
4) Она（Их сестра）работает медсестрой.
5) Я сказал(а) об этом своей подруге.
    ⇨ моей подруге でもかまわないが、上の答え方の方がより良い。

練習問題 8 (p. 136)

1. 1) которому: カーチャには60歳になるおじいさんがいる。   ［注］男性, 与格
2) в которой: 私の両親が住んでいる村は川岸にある。   女性, 前置格
3) с которыми: あなたがしばしば会っている友だちについて話してください。   複数, 造格
4) которые: 向こうにかかっている絵は有名なロシアの詩人が書きました。   複数, 主格
5) от которого: 私が手紙をもらった友人は北部に住んでいます。   男性, 生格

2. 1) В этом магазине продают сувениры.
2) На нашей улице строят новую библиотеку.
3) Сейчас без четверти три.
4) Как долго/Сколько времени/Сколько часов вы занимались?

3. 1) бабушки   2) института   3) седьмого
4) преподавателем физики   5) окончания университета

4. 1) Сколько стоит эта книга? – (Она стоит) пятьсот иен.
2) Это юбка, которую я купил(купила) вчера.
3) Он хочет стать хорошим преподавателем/учителем.
4) У меня есть друг*, который очень хорошо говорит по-русски.
    * товарищ でも可。
5) Ты можешь пойти с нами?

練習問題 9 (p. 151)

1. 1) заходил, зашёл: Друг ко мне ко мне приходил, но меня не было дома. 友人が私のところへやって来たが、私は家にいなかった。私の

ところへ友人がやって来て、私と彼はテレビを見た。

2) открывал(а): 私は朝、窓を開けたが、いま部屋の中はまた蒸し暑くなっている。⇒ 朝、窓を開けたが、その後閉めたのである。行為の結果が発話時点において残っていないので不完了体を用いる。

3) помочь, помогать: お手伝いしましょうか。いいえ、ありがとう、手伝っていただかなくてもけっこうです。

4) Пиши, Напиши(те): どうしてきみは書かないんですか。(さあ)書きなさいよ。来週来るように、彼に(手紙を)書いてください。

2. 1) познакомиться: 偉大な作家の生涯を身近に知るために、われわれはトルストイ博物館を訪問したい。

2) дала, дать: 夫は、息子に電報を打つように妻に言った。 夫は妻に電報を打つために電報局へ出かけた。

3) пришли: 見学旅行はおもしろそうなので、子供たちがみな(その)見学旅行に行くように、と先生が言いました。

4) поехали (поеду も可): 妹は、私たちの両親がサナトリウムへ出かけた (出かける予定だ)と、書いてよこした。

поехали: 妹は、私たちの両親がサナトリウムへ出かけるように、と手紙に書いた。

3. 1) великих русских художников: あの展覧会では、ロシアの偉大な画家たちの作品を見ることができる。

2) молодым инженерам: われわれは若い技師たちにわれわれの工場を見せた(案内した)。

3) этими новыми студентами: 一昨日のパーティーで私はこれらの新しい学生たちと知り合った。

4) известных архитекторах: 私は、これらの建物を建てた有名な建築家たちに関する本を買った。

5) своих преподавателей: 彼らは自分たちの先生に、いつ試験があるのか尋ねました。

練習問題 **10** (p. 165)

1. 1) Да, вода в реке холоднее воды в озере.

2) Да, зимой ночь длиннее дня. ⇒ день, дня, дню, день, днём, о дне

3) Да, рассказ короче романа.

4) Да, отец старше сына.

5) Да, чемодан тяжелее сумки.

2. 1) Вы пришли позже меня.

2) Я бываю здесь реже, чем он.

3) Таня говорит по-испански хуже Виктора.
4) Старый текст труднее, чем новый.
5) Киев меньше Москвы.

3. 1) всех книг: この本は私が(これまでに)読んだどの本よりもおもしろい。
2) самых высоких зданий: モスクワ国立大学の新しい建物は，モスクワの最も高い建物のうちの一つです。
3) другом, другу: ゾーヤとニーナはしょっちゅう互いに会って，いつも助け合っています。
4) самой длинной рекой: レナ河はロシアで最も長い河川です。
5) レニングラードにいたとき，私はドストエーフスキイが住んでいた住居を訪れた。

練習問題 11 (p. 179)

1. 1) Приходя: 私のところへ来るとき，彼はよくおもしろいカラースライドと写真を持って来ます。
2) Посмотрев: 新しい映画を見てから，彼女は友だちにそれについて話しました。
3) Сделав: 練習問題をやってから，彼らはテクストを読み始めた。
4) Имея: 時間がたっぷりあったので，私たちは駅まで歩いて行くことに決めた。

2. 1) создавшем: 私はロシア最初の大学を創設したエム・ヴェー・ロモーノソフについて読みました。
⇒ М.В.Ломоносов の М.В. は読まなくてよい。
2) знающую: 私はよくロシア語を知っている自分の姉に，このテクストを翻訳してくれるよう頼んだ。
3) идущего: 都心へ行くバスの停留所がどこにあるか教えていただけませんか。
4) лежавшего: テーブルの上に置いてあった手紙に気がつきませんでしたか。
⇒ письма は否定生格。
5) учащиеся: 4年次の学生は卒業論文を書かなければならない。

3. 1) Друг, подаривший мне книгу, живёт в Лондоне.
2) В Русском музее, являющемся одним из лучших музеев мира, много прекрасных картин.
3) Дай мне ручку, лежащую на столе.
4) У певца, исполнившего русские народные песни, хороший голос.
5) Он говорил о родителях, живущих во Владивостоке.

練習問題 12 (p. 187)

1. 1) полученное, получено   2) подписаны, подписанные
3) создан, созданном   4) открытый, открыт

2. 1) построившего: 私はこのアパートを建てた建築家を知っている。
построенный: この建築家の設計にしたがって建てられたアパートが向こうに立

っている。

2) забытые: 机の上に学生の忘れた本が置いてある。
   забывший: 本を忘れた学生が講義室に戻ってきた。
3) открывшая: われわれにドアを開けてくれた娘はわれわれといっしょに学んでいる。
   открытую: われわれは開いた（開けられた）ドアから入った。
4) написанном: トルストイによって書かれた長編小説『アンナ・カレーニナ』では、作家の生きていた時代が反映されている．
   написавшая: この本を書いた女性作家が私たちの（単科）大学へやって来た。

基本文法表

基本文法表

1．名詞の変化

格	男・単	中・単	女・単	複　　数		
主格	журна́л студе́нт трамва́й чита́тель	окно́ по́ле и́мя	ко́мната же́нщина неде́ля тетра́дь	журна́лы студе́нты трамва́и чита́тели	о́кна поля́ имена́	ко́мнаты же́нщины неде́ли тетра́ди
生格	журна́ла студе́нта трамва́я чита́теля	окна́ по́ля и́мени	ко́мнаты же́нщины неде́ли тетра́ди	журна́лов студе́нтов трамва́ев чита́телей	о́кон поле́й имён	ко́мнат же́нщин неде́ль тетра́дей
与格	журна́лу студе́нту трамва́ю чита́телю	окну́ по́лю и́мени	ко́мнате же́нщине неде́ле тетра́ди	журна́лам студе́нтам трамва́ям чита́телям	о́кнам поля́м имена́м	ко́мнатам же́нщинам неде́лям тетра́дям
対格	журна́л студе́нта трамва́й чита́теля	окно́ по́ле и́мя	ко́мнату же́нщину неде́лю тетра́дь	журна́лы студе́нтов трамва́и чита́телей	о́кна поля́ имена́	ко́мнаты же́нщин неде́ли тетра́ди
造格	журна́лом студе́нтом трамва́ем чита́телем	окно́м по́лем и́менем	ко́мнатой же́нщиной неде́лей тетра́дью	журна́лами студе́нтами трамва́ями чита́телями	о́кнами поля́ми имена́ми	ко́мнатами же́нщинами неде́лями тетра́дями
前置格	журна́ле студе́нте трамва́е чита́теле	окне́ по́ле и́мени	ко́мнате же́нщине неде́ле тетра́ди	журна́лах студе́нтах трамва́ях чита́телях	о́кнах поля́х имена́х	ко́мнатах же́нщинах неде́лях тетра́дях

-ий, -ия, -ие で終わる名詞の変化

	男・単	中・単	女・単	複　数		
主	санато́рий	зда́ние	ста́нция	санато́рии	зда́ния	ста́нции
生	санато́рия	зда́ния	ста́нции	санато́риев	зда́ний	ста́нций
与	санато́рию	зда́нию	ста́нции	санато́риям	зда́ниям	ста́нциям
対	санато́рий	зда́ние	ста́нцию	санато́рии	зда́ния	ста́нции
造	санато́рием	зда́нием	ста́нцией	санато́риями	зда́ниями	ста́нциями
前	санато́рии	зда́нии	ста́нции	санато́риях	зда́ниях	ста́нциях

2. 形容詞の変化

格	男・単	中・単	女・単	複　数
主格	(како́й) но́вый молодо́й си́ний хоро́ший ру́сский	(како́е) но́вое молодо́е си́нее хоро́шее ру́сское	(кака́я) но́вая молода́я си́няя хоро́шая ру́сская	(каки́е) но́вые молоды́е си́ние хоро́шие ру́сские
生格	(како́го) но́вого молодо́го си́него хоро́шего ру́сского		(како́й) но́вой молодо́й си́ней хоро́шей ру́сской	(каки́х) но́вых молоды́х си́них хоро́ших ру́сских
与格	(како́му) но́вому молодо́му си́нему хоро́шему ру́сскому		(како́й) но́вой молодо́й си́ней хоро́шей ру́сской	(каки́м) но́вым молоды́м си́ним хоро́шим ру́сским

格	男・単	中・単	女・単	複　数
対格	＝主格または生格	＝主格	(какýю) нóвую молодýю сúнюю хорóшую рýсскую	＝主格または生格
造格	(какúм) нóвым молоды́м сúним хорóшим рýсским		(какóй) нóвой молодóй сúней хорóшей рýсской	(какúми) нóвыми молоды́ми сúними хорóшими рýсскими
前置格	(какóм) нóвом молодóм сúнем хорóшем рýсском		(какóй) нóвой молодóй сúней хорóшей рýсской	(какúх) нóвых молоды́х сúних хорóших рýсских

3．所有代名詞の変化

格	男・単	中・単	女・単	複　数
主格	(чей) мой／твой／свой наш／ваш	(чьё) моё／твоё／своё нáше／вáше	(чья) моя́／твоя́／своя́ нáша／вáша	(чьи) мои́／твои́／свои́ нáши／вáши
生格	(чьегó) моегó нáшего		(чьей) моéй нáшей	(чьих) мои́х нáших

198

与格	(чьемý) моемý нáшему		(чьей) моéй нáшей	(чьим) мои́м нáшим
対格	=主格または生格	=主格	(чью) мою́ нáшу	=主格または生格
造格	(чьим) мои́м нáшим		(чьей) моéй нáшей	(чьи́ми) мои́ми нáшими
前置格	(чьём) моём нáшем		(чьей) моéй нáшей	(чьих) мои́х нáших

4．指示代名詞の変化

格	男・単	中・単	女・単	複　　数
主	э́тот ／ тот	э́то ／ то	э́та ／ та	э́ти ／ те
生	э́того／ того́		э́той／ той	э́тих／ тех
与	э́тому／ тому́		э́той／ той	э́тим／ тем
対	=主格または生格	=主格	э́ту ／ ту	=主格または対格
造	э́тим ／ тем		э́той／ той	э́тими／тéми
前	э́том ／ том		э́той／ той	э́тих／ тех

5. 定代名詞 весь の変化

格	男・単	中・単	女・単	複数
主	весь	всё	вся	все
生	всего́		всей	всех
与	всему́		всей	всем
対	=主格または生格	всё	всю	=主格または生格
造	всем		всей	все́ми
前	всём		всей	всех

6. кто, что の変化

格	人・動物	モノ
主	кто	что
生	кого́	чего́
与	кому́	чему́
対	кого́	что
造	кем	чем
前	ком	чём

7. 数詞 один, два, три の変化

格	男性	中性	女性	複数
主	оди́н/два/три	одно́/два/три	одна́/две/три	одни́
生	одного́/двух/трёх		одно́й/двух/трёх	одни́х
与	одному́/двум/трём		одно́й/двум/трём	одни́м
対	=主格または生格	=主格	одну́/=主格または生格	=主格または生格
造	одни́м/двумя́/тремя́		одно́й/двумя́/тремя́	одни́ми
前	одно́м/двух/трёх		одно́й/двух/трёх	одни́х

8. 人名の変化 — とくに 姓の変化に注目しよう！

格	(男) 名 и́мя	父称 о́тчество	姓 фами́лия
主	Ви́ктор	Никола́евич	Ивано́в
	Андре́й	Па́влович	Каре́нин
	Пётр	Алекса́ндрович	Петро́вский
生	Ви́ктора	Никола́евича	Ивано́ва
	Андре́я	Па́вловича	Каре́нина
	Петра́	Алекса́ндровича	Петро́вского

●名・父称は普通名詞と同じように変化する。
●形容詞型の姓は，男女とも形容詞とまったく同じ変化である。

格	(男)名	父称	姓	
与	Виктору Андрею Петру́	Никола́евичу Па́вловичу Алекса́ндровичу	Ивано́ву Каре́нину Петро́вскому	
対		生格に同じ		
造	Ви́ктором Андре́ем Петро́м	Никола́евичем Па́вловичем Алекса́ндровичем	Ивано́вым * Каре́ниным * Петро́вским	* 男性の姓で, -ин, -ын, -ов, -ев 型のものは, ほぼ普通名詞と同じように変化するが, 造格だけは独自の変化をする。
前	Ви́кторе Андре́е Петре́	Никола́евиче Па́вловиче Алекса́ндровиче	Ивано́ве Каре́нине Петро́вском	

格	(女)名 и́мя	父称 о́тчество	姓 фами́лия	
主	А́нна Мари́я Татья́на	Никола́евна Па́вловна Алекса́ндровна	Ивано́ва Каре́нина Петро́вская	●女性の姓で, -ина, -ына, -ова, -ева 型のものは, 指示代名詞 э́та と同じように変化する。
生	А́нны Мари́и Татья́ны	Никола́евны Па́вловны Алекса́ндровны	Ивано́вой Каре́ниной Петро́вской	
与	А́нне Мари́и Татья́не	Никола́евне Па́вловне Алекса́ндровне	Ивано́вой Каре́ниной Петро́вской	
対	А́нну Мари́ю Татья́ну	Никола́евну Па́вловну Алекса́ндровну	Ивано́ву Каре́нину Петро́вскую	
造	А́нной Мари́ей Татья́ной	Никола́евной Па́вловной Алекса́ндровной	Ивано́вой Каре́ниной Петро́вской	
前	А́нне Мари́и Татья́не	Никола́евне Па́вловне Алекса́ндровне	Ивано́вой Каре́ниной Петро́вской	

主な前置詞とその用法

格支配	前置詞	主な意味	用法
生格	без	…なしで，…を欠いて	чай без сахара 砂糖なしの紅茶／ без четверти три 3時15分前／ без меня 私の留守中に
	для	…のために；…にとって	книга для детей 子供向けの本／ вредно для детей 子供には有害だ
	до	…まで	ехать до Москвы モスクワまで行く／ с утра до вечера 朝から晩まで
	из	…から；…で作った	выйти из комнаты 部屋から出る／ платье из шёлка 絹のドレス／ один из них 彼らのうちの一人
	кроме	…以外，…を除いて	есть всё кроме яиц 卵以外は何でも食べる
	около	…のそばに；約，ほぼ	около дома 家のそばに／ около года 約1年／ около трёх часов 3時ごろ
	от	…から	уйти от друга 友のもとから去る／ недалеко от дома 家の近くに／ письмо от брата 兄からの手紙／ от дома до станции 家から駅まで
	после	…の後で	после ужина 夕食後／ после уроков 放課後
	с	…から	вернуться с работы 仕事から戻る／ с часу до двух 1時から2時まで
	у	…のそばに；…のところで	у окна 窓辺で／ жить у родителей 両親と暮らす／ у нас в Японии わが日本では
	против	…に対して；…の向かいに	борьба против гонки вооружений 軍拡競争反対闘争／ против театра 劇場の向かいに
与格	к	…の方へ，…のところへ …までに, ころに	идти к университету 大学の方へ行く／ подойти к телефону 電話の側へ行く／ ко мне 私のところへ／ идти к врачу 医者に行く／ к вечеру 夕方ごろに／ к двум часам 2時までに
	по	…に沿って；…に関して …で；…じゅうを	идти по улице 通りを歩く／ занятия по истории 歴史の授業／ говорить по телефону 電話で話す／ передать по радио ラジオで放送する／ путешествовать по всей Европе ヨーロッパ中を旅行する
対格	в	…へ；…の中へ	пойти в кино 映画に出かける／ войти в дом

	за	…に, …の時に …の後ろへ, 背後へ …のために, …を求めて …の期間に	家へ入る／ билéт в теáтр 劇場の切符／ в час 1時に／ в суббóту 土曜日に／ в хорóшую погóду 天気の良い時に éхать зá город 町の向こう側へ(郊外へ)行く／ за грани́цу 外国へ／ борóться за свобóду 自由のために(をめざして)闘う／ за здорóвье 健康を祝して(乾杯)／ все за одногó, оди́н за всех 万人は一人のために, 一人は万人のために／ прочитáть… за два часá …を2時間で読み上げる／ за пять мéсяцев 5か月間で
	на	…へ; …の上へ …の予定で, …に …だけ	идти́ на урóк (рабóту, концéрт, балéт) 授業(仕事, コンサート, バレー)に行く／ постáвить вáзу на стол 花瓶をテーブルの上に置く／ éхать на зáпад 西へ行く／ перевести́… с рýсского на япóнский …をロシア語から日本語に翻訳する／ óтпуск на недéлю 1週間の休暇／ он стáрше меня́ на пять лет 彼は私より5歳年上だ／ часы́ спешáт на три минýты 時計は3分進んでいる
	про чéрез	…について …を越えて, 横切って (時間が)たって, 経過して	говори́ть про дрýга 友人のことを語る перейти́ чéрез ýлицу 道路を横切る／ чéрез час 1時間したら／ чéрез два гóда 2年間たったら, 2年ぶりに
造格	за	…のむこうで, 背後で …を求めて …の後に続いて	за горáми 山のかなたに／ магази́н за углóм 角を曲がったところにある店／ за грани́цей 外国で／ зá городом 郊外で／ идти́ за покýпками 買い物に行く／ повтори́те за мной 私のあとに続いて繰り返しなさい
	мéжду	…の間に	дрýжба мéжду Япóнией и Росси́ей 日露間の友好／ мéжду двумя́ и тремя́ часáми 2時と3時の間に／ мéжду нáми われわれの間で
	над	…の上方に	над головóй 頭上に／ над столóм テーブルの上の方に／ над гóродом 町の上空に
	пéред	…の前に	пéред дóмом 家の前で／ пéред обéдом 昼食前に／ прийéхать пéред ни́ми 彼らより先に到着する

	под	…の下で, 下方に	стоя́ть под де́ревом 木の下に立っている／ идти́ под дождём 雨のなかを行く／ под Москво́й モスクワの近郊で
	с	…と …を用いて, 伴って	мать с ребёнком 赤ん坊を連れた母／ мы с ней 私と彼女／ хлеб с ма́слом バターを塗ったパン／ чай с лимо́ном レモンティ／ чита́ть со словарём 辞書を使って読む／ с трудо́м やっとのことで／ встре́титься с друзья́ми 友人たちと会う
前置格	в	…に, …で …の中で …の時に …を身につけて	жить в го́роде 都市に住む／ рабо́тать в больни́це 病院で働く／ ве́щи в шкафу́ 戸棚の中の品物／ в ма́е 5月に／ в э́том году́ 今年に／ в двадца́том ве́ке 20世紀に／ же́нщина в мини-ю́бке ミニスカートの女
	на	…に, …で …の上で …の時に	рабо́тать на заво́де 工場で働く／ жить на у́лице Ге́рцена ゲルツェン通りに住む／ на вы́ставке 展覧会で／ сиде́ть на дива́не ソファーに座っている／ е́хать на такси́ タクシーで行く／ на бу́дущей неде́ле 来週に
	о	…について	рассказа́ть обо всём すべてを物語る／ рома́н о любви́ 愛についての小説／ ду́мать о ро́дине 祖国(故郷)のことを思う
	при	…に付属して	библиоте́ка при институ́те 大学付属図書館

Disc2 12 数詞一覧表

(個数詞)	(順序数詞)		(個数詞)	(順序数詞)
1 оди́н (男)	пе́рвый	18	восемна́дцать	восемна́дцатый
одна́ (女)		19	девятна́дцать	девятна́дцатый
одно́ (中)		20	два́дцать	двадца́тый
одни́ (複)		30	три́дцать	тридца́тый
2 два (男・中)	второ́й	40	со́рок	сороково́й
две (女)		50	пятьдеся́т	пятидеся́тый
3 три	тре́тий	60	шестьдеся́т	шестидеся́тый
4 четы́ре	четвёртый	70	се́мьдесят	семидеся́тый
5 пять	пя́тый	80	во́семьдесят	восьмидеся́тый
6 шесть	шесто́й	90	девяно́сто	девяно́стый
7 семь	седьмо́й	100	сто	со́тый
8 во́семь	восьмо́й	200	две́сти	двухсо́тый
9 де́вять	девя́тый	300	три́ста	трёхсо́тый
10 де́сять	деся́тый	400	четы́реста	четырёхсо́тый
11 оди́ннадцать	оди́ннадцатый	500	пятьсо́т	пятисо́тый
12 двена́дцать	двена́дцатый	600	шестьсо́т	шестисо́тый
13 трина́дцать	трина́дцатый	700	семьсо́т	семисо́тый
14 четы́рнадцать	четы́рнадцатый	800	восемьсо́т	восьмисо́тый
15 пятна́дцать	пятна́дцатый	900	девятьсо́т	девятисо́тый
16 шестна́дцать	шестна́дцатый	1,000	ты́сяча	ты́сячный
17 семна́дцать	семна́дцатый			

合成数詞

	(個数詞)	(順序数詞)
21	два́дцать оди́н/одно́/одна́	два́дцать пе́рвый
32	три́дцать два/две	три́дцать второ́й
43	со́рок три	со́рок тре́тий
55	пятьдеся́т пять	пятьдеся́т пя́тый
130	сто три́дцать	сто тридца́тый
278	две́сти се́мьдесят во́семь	две́сти се́мьдесят восьмо́й
1800	ты́сяча восемьсо́т	ты́сяча восьмисо́тый
1994	ты́сяча девятьсо́т девяно́сто четы́ре	ты́сяча девятьсо́т девяно́сто четвёртый